# 知行合一：王阳明

吴新华◎著



中国铁道出版社有限公司
CHINA RAILWAY PUBLISHING HOUSE CO., LTD.

**图书在版编目（CIP）数据**

知行合一 ：王阳明 / 吴新华著 . -- 北京 ：中国铁道出版社有限公司，2025. 7. -- ISBN 978-7-113-32438-4

Ⅰ. B248.2

中国国家版本馆 CIP 数据核字第 2025D9Z647 号

**书　　名：知行合一：王阳明**

ZHIXING-HEYI：WANG YANGMING

**作　　者：** 吴新华

---

**责任编辑：** 陈晓钟　　　　**电　　话：**（010）51873012

**封面设计：** 刘　莎

**责任校对：** 刘　畅

**责任印制：** 赵星辰

---

**出版发行：** 中国铁道出版社有限公司（100054，北京市西城区右安门西街 8 号）

**网　　址：** https://www.tdpress.com

**印　　刷：** 天津嘉恒印务有限公司

**版　　次：** 2025 年 7 月第 1 版　2025 年 7 月第 1 次印刷

**开　　本：** 710 mm × 1 000 mm　1/16　**印张：** 11.5　**字数：** 166 千

**书　　号：** ISBN 987-7-113-32438-4

**定　　价：** 88.00 元

---

# 序　言

我看过许多历史书，始终认为王阳明的心学、“内圣外王”的经历很值得后人学习、探究，他的智慧之花具有深刻的现实意义。

“致良知”是王阳明心学的核心。“良知”是天地万物的主宰，除了为善去恶，要心存善念之外，还要懂得识辨善恶，避免上当受骗，更要行善，持之以恒地行善。不管何时何地，我们都要知善、识善、行善，这样才能成为受人欢迎、爱戴的幸福之人。

王阳明从小立大志要当圣贤，可谓志存高远。正是这一远大理想，赋予了王阳明奋斗的目标和动力。王阳明的父亲王华是状元，他与现代父母一样，希望孩子循规蹈矩地成长，但是“争强好胜”的王阳明我行我素，面对种种阻力，并不灰心丧气，依旧通过竹子“格物”，寻找事物的内在规律，最终闯出了一条圣贤之路。现在许多家长希望孩子按照自己的思路去学习、做事，常常把自己的观念、意识强加给孩子，束缚了孩子自由发挥和想象的空间。殊不知，这样极有可能扼杀孩子的天赋。

王阳明的知行合一强调把“知”与“行”两者有机统一起来。在现实生活中，知道道理的人多，去实践的人则很少，真正完成的就更少了。只有将“知”与“行”相结合，才能达到完美的境界。王阳明认为“知”与“行”应该是同时进行的。一般人认为知行就是先知后行，只有知道了，然后才能去实践。如果持这种观点，那就错了，与事实不符，知和行应该是同时进行的。比如看到美女，知道是美女，同时会产生喜欢；看到垃圾，知道是臭的，同时会产生厌恶。王阳明凭借知行合一的无边威力，正确处理军事、政治、官场等重大事情，最终功绩卓著。若不能正确领悟知行合一的真谛，就没办法掌握各种规律，这样不仅会降低办事效率，甚至还可能犯错。

王阳明在军事上运用孙子兵法，但绝不是照搬照抄的教条主义：面对狡猾的土匪，他用更高明的招对付他们；面对宁王造反，王阳明用反间计阻止宁王前进步伐，最终将其消灭。王阳明运用有效的“万变”对付敌人，创建了经略四方的伟业。面对形形色色的人，怎样才能成为强者、胜利者，很多时候依靠老办法、老经验、老套路是不行的，我们需要灵活应对，科学处理各式各样的事务，在处理事务中逐渐走向成熟。

王阳明是勇于攀登真理高峰的强者。面对封建腐朽思想、享乐主义、尔虞我诈的官场，他没有气馁，也没有逃避，而是迎难而上，实践有利于人民、有利于社会的大事小事。他用自己的行动追求真理，达到“内圣外王”，除了自我完善，还为国家建功立业。王阳明的精神现实意义非常显著，不管有多少阻力、困难，我们都不能放弃对真理执着的追求，而应该处处站在国家、社会的角度思考问题，在追求中作贡献，在贡献中讲追求！

我倾注了整整两年心血撰写了这本书。王阳明是对国家、社会贡献非常大的圣贤之人。他的一生跌宕起伏、引人入胜，充满传奇色彩。王阳明是历史上罕见的立德、立言、立功三不朽的领航者，是明朝最为杰出的政治家、军事家和哲学家。他的知行合一心学思想融合了儒释道三家精髓，是终极智慧，也是“酱缸文化”的最后一剂解药。

王阳明弟子众多，“粉丝”更多，近代孙中山、陶行知等人都是他的忠实粉丝。

王阳明的学术实践意义非常深刻，哈佛大学教授杜维明先生预言：21 世纪将是王阳明的世纪。

历史是一面镜子，以史为鉴，能让我们了解人生、人性，了解社会发展的规律，预测未来。了解、剖析叱咤风云的正能量历史人物，从中学习其顽强拼搏、坚韧不拔、积极向上的精神，对我们工作、学习、生活有极大的指导作用！王阳明的经历，可使青少年从中习得无穷的智慧，可使中年人提高办事效率，亦可使老年人重新审视人生得失！

吴新华

# 明代官职、机构简要介绍

内阁：最初为皇帝咨政机构，之后权力逐渐增大并置于六部之上，成为国家中央政府的最高行政中枢，掌管着国家政府机构的行政权。由于内阁只掌政权不掌军权，所以内阁实质上是国家文官集团的代表，到明朝中后期，其行政权力大到可以对抗皇权。内阁辅臣的人数为一人至七人不等。

内阁首辅：内阁首辅是明朝对首席大学士的习称。内阁首辅虽受命于皇帝，但其也成了除皇帝以外的国家政府行政权的最高掌控者，亦被称为“首揆”或“元辅”。

六部九卿：指六部尚书与通政使司长官通政使、大理寺长官大理寺卿、都察院长官左都御史。此为国家政府中分管国家各项工作的九位最高长官。六部包括吏部、户部、礼部、兵部、刑部、工部，各部置尚书一人，总管本部政务，下有左右侍郎各一人，为尚书之副。

六部：吏部，掌管天下文官的任免、考课、升降、勋封、调动等事务。户部，掌管户籍财经的机关。礼部，考吉、嘉、军、宾、凶五礼之用，管理全国学校事务及科举考试及藩属和外国之往来事。兵部，主管全国军事。刑部，主管全国刑罚政令及审核刑名的机构，与都察院管稽察、大理寺掌重大案件的最后审理和复核，共为“三法司制”。工部，掌管营造工程事项的机关。

大理寺：掌刑狱案件审理的机构，长官为大理寺卿，位九卿之列。

都察院：专门行使监督职权的机构，即言官职能和重案会审。左都御史为都察院的最高长官。

通政使司：是收受、检查内外奏章和申诉文书的中央机构。其长官为通政使。

三法司：以刑部、都察院、大理寺为三法司，遇有重大案件，由三法司会审，亦称“三司会审”。

二十四衙门：为明代宦官体制，内设十二监、四司、八局，统称二十四衙门。十二监：司礼监、御马监、内官监、司设监、御用监、神宫监、尚膳监、尚宝监、印绶监、直殿监、尚衣监、都知监。四司：惜薪司、钟鼓司、宝钞司、混堂司。八局：兵仗局、银作局、浣衣局、巾帽局、针工局、内织染局、酒醋面局、司苑局。

司礼监：为整个宦官系统的最高权力机构，主管朝政，“无宰相之名，有宰相之实”，有提督、掌印、秉笔、随堂等太监。

御马监：主管军事，有掌印太监、监督太监、提督太监各一员，下有监官、掌司、典簿、写字等员。

# 目　录

# 第一章　好事多磨

我们从一份档案开始。

> 姓名：王守仁　　别号：阳明
> 性别：男　　学历：进士
> 职业：官员　　家庭出身：官二代
> 生卒：1472—1529 年
> 父亲：王华，状元，吏部尚书
> 母亲：郑氏，家庭主妇
> 座右铭：知行合一
> 主要经历：
> 1472—1476 年，不开口讲话。
> 1477—1488 年，边读书边玩。
> 1489—1499 年，边读书边追求圣贤之道。
> 1500—1529 年，边当官边求学、讲学。

1472 年，浙江余姚出了一个爆炸性新闻，王家的儿媳妇郑氏怀孕快十四个月了，还未分娩。通常说十月怀胎，八个月、九个月生产的相当普遍，七个月生产的也有，然而郑氏却迟迟还未生产。

此时最为担心的人是婆婆岑氏，她除了天天向儿媳妇嘘寒问暖之外，还每天跑到寺庙和道观跪拜叩头，向观音菩萨和太上老君默默祈祷，让儿媳快点生产，自己好早点抱上大孙子。然而不管如何祈祷，郑

氏就是挺着大肚子不分娩。

这让岑氏焦虑不堪，好多个夜晚不能入眠。那天夜晚，岑氏不仅早早入眠，还做了一个奇怪的梦。只见满天祥光，彩云缭绕，在一片鼓乐声中，仙女们穿红披绿，自天而降。一位美丽、雪白的仙女将婴儿送到她的怀中。岑氏激动极了，好梦还在进行中，她却被突然吵醒，是婴儿的啼哭声。原来隔壁房中的儿媳妇生了，生的是一个白白胖胖的男婴。

这个婴儿就是后来的王阳明。

婴儿的祖父竹轩先生是读书人，听到妻子岑氏讲的梦事后，激动得老泪纵横。他捻着胡子思考一阵说，乘云而降生，这个孩子就叫王云吧。

竹轩先生望了望飞檐走壁、粉墙黛瓦的自家楼房，给它起了一个响当当的名字，叫“端云楼”。

从后面的故事发展来看，竹轩先生不是帮忙，而是添乱。家人都觉得王云这个名字相当好。见到王云就王云长、王云短叫个不停。到王云四五岁了，本该说话的年龄，不管大家怎么叫王云，这个孩子就是不开口。许多人都说他是哑巴。岑氏太夫人却说，绝对不会是哑巴。因为她仔细观察过，这个孩子还是听得到声音的。俗话说，十聋九哑。岑氏太夫人确信孩子没有聋，所以推测孩子不会是哑巴。不是哑巴，那就让他说话啊。会说话才是“硬道理”！

岑氏带着孩子看遍了余姚城大大小小的医馆，没有一位郎中不摇头的。郎中治不了的病症，难道还会有人治吗？有啊，岑氏认为比郎中有本领之人就是世外高人。为了让孙子开口，岑氏开始寻找世外高人。什么是世外高人？可能是老和尚、老道长之类的人物吧。

世外高人确实难寻，但是遇上有缘人就不同了，会主动找上门。那天，一位白须白眉的长老经过端云楼，望着这三个字却直摇头。岑氏把五岁的孙子抱出来，长老端详了一阵，然后上前用手轻轻拍了拍他的头顶说：“好小子，可惜道破了。”说完便扬长而去。

竹轩先生听到白须白眉的长老说“道破了”，着实大吃一惊，难道王云的名字、端云楼的名称都道破了？想想也是的，都是说降自云间啊。

我虽然不能确定道破是真是假，但竹轩先生最终还是把端云楼三个大字去掉了，同时也把王云的名字改成了王守仁（经过一夜的思考，名传千古的名字诞生了——王守仁。后来他在绍兴阳明洞养生，人称阳明先生，本书就用王阳明代之）。从此之后，这个一直不说话的孩子终于开口了。他在人世间的第一句话就是："祖母，您真好看！"声音悦耳动听！

伶牙俐齿的岑氏太夫人却说不出话，她紧紧抱着王阳明，泪水在眼里直打转……

王阳明，你精彩的人生刚刚启航！

## 一窝端

王阳明的祖父竹轩先生，名字叫王伦，是位相当有知识、有才华的人，他就是状元王华的启蒙老师。他非常喜爱这个孙子，主动承担起了教王阳明读书、写字的职责。王阳明也尊重这位慈眉善目的祖父，他虽然爱玩，但还是很给祖父面子的，能完成各种作业。

少年的王阳明贪玩，经常去田间、河边、山野上玩。他最爱玩军事游戏，两军对峙抢红旗、捉迷藏、抢阵地等。王阳明很给王家争面子，每次比赛总赢不输，而且都将对方来个一窝端。母亲郑氏虽然不支持他玩，但还能勉强接受。孩子嘛，应该有一个快乐的童年。但是当王阳明迷上另外一个爱好后，郑氏就有点受不了了。这个爱好就是下象棋，象棋在中国家喻户晓，而且广泛流传，至今粉丝极多。下象棋本身是健康活动，但是碰上王阳明后，就不"健康"了，他白天玩、夜里玩、吃饭玩、睡觉还梦呓。象棋是两个人的游戏，但是他经常把对方一窝端，久而久之，在同伴中便找不到对手了。此时的王阳明遭遇"独孤"，但是他没有"求败"的情操，因为聪明的王阳明很快找到了新的对手，那个人就是自己，即自己和敌人同属一个人，这种对弈一般人不会去碰的，但王阳明不同，它不仅选择了这种方式，而且玩得相当过瘾。郑氏见宝

贝儿子把下象棋看得比书本、母亲还要重要，她非常生气，却还是忍住了。但是之后某个夜晚发生的一件事情，让她实在忍无可忍了。那天半夜，王阳明从床上滚落在地，他没有哭叫，反而不断地说："一窝端！一定要一窝端！"

郑氏从床上爬起来，惊诧地看到王阳明嘴上叫喊，双眼却紧闭，完全沉浸在梦境中，如同走火入魔一般。郑氏吓得脸色发白，跳江寻死的心也有了。

第二天，郑氏没有跳江，却给王阳明出了一个"一窝端"的妙计。母亲要表演一窝端，王阳明兴奋得手舞足蹈。他跟随母亲走过大路，穿进小树林，向武胜门大桥方向行进。小王阳明心想不对了，前面没有人家，母亲拎着象棋与谁对弈啊。母亲似笑非笑地登上桥顶，玉手一挥，来了一招天女散花，包裹中的象棋争先恐后地"跳"入河中。

王阳明说："母亲，您干什么？"

郑氏笑眯眯地说："你不是要一窝端吗？母亲教你，这就是一窝端。"

但凡遇上这种情况，多数孩子会大吵大闹，少数孩子会默默流泪，然而聪明的王阳明却沉默不语，这是郑氏最为担心的。当然，这种担心时间很短暂，不一会儿，王阳明就嬉皮笑脸地高声吟道：

象棋终日乐悠悠，苦被严亲一旦丢。
兵卒堕河皆不救，将士溺水一齐休。
车行千里随波去，马入三川逐浪流。
炮响一声天地震，忽然惊起卧龙愁。

这是王阳明先生流传在世间的第一首诗。郑氏想不到九岁的儿子会作诗，她弯腰亲了亲那张可爱的小脸，温柔地说："母亲给你做红烧肉。"红烧肉是王阳明的最爱，许多名人都喜欢吃这道菜。

霞光之下，王阳明又蹦又跳地往家里赶……

郑氏幸福地在身后喊："守仁，你小心点，别摔倒！"

## 恶有恶报

王阳明十岁那年，王家发生了一件轰动全国的大喜事，父亲王华高中状元，进翰林院修撰。父贵子荣，王阳明的知名度一下子蹿了上来，他成为远近闻名的状元儿子。

王阳明在幸福之路上前行没多久，突然，一个沉重的打击袭来，也是他人生中第一次大的遭遇。王阳明十三岁那年，他那慈爱的母亲因病医治无效，撒手而去。母亲虽然对王阳明有点严、有点狠，但她却是王阳明在世上最爱之人。

王阳明沉浸于悲痛之中，但是家里却迎来了一些特殊的客人，她们有个统一的称呼——媒婆。媒婆是来给状元王华做媒的。老婆死了没几天，王华当然还未走出丧妻的悲伤阴影，但是明天还得工作、生活，家里也不能没有主妇，何况续弦是得到普遍认可的。王状元“化悲痛为力量”，最终相中了一位赵姑娘。

赵姑娘作为继母，对王阳明相当刻薄，连一个笑容都不给。王阳明外表糊涂，但脑袋瓜却非常聪明，他没有计较这档小事。

这给了赵氏一个错误的信号，她以为王阳明是软柿子，随时可以捏着玩耍。每当王阳明从外面回到家，赵氏总站在房檐下，白着眼，向王阳明哼哼个不停。少年的王阳明心想，好男不与女斗，忍忍就过去了。

然而后来发生的一件事情，让王阳明决定进行反击。那天，一家人围着大桌子吃晚饭，王阳明喜欢吃红烧肉，而赵氏故意把那盘红烧肉放在最远处，王阳明开始想忍忍算了，可是实在禁不住肉香的诱惑，他站起身，伸长手臂，筷子刚好碰着肉，当夹着红烧肉颤颤抖抖返回时，赵氏故意“哼哧”一声，王阳明一分心，红烧肉便掉到了桌角，随后滚落在了地上。

王阳明尴尬极了，但是赵氏决定抓住这个大好机会，好好修理一下前妻生的儿子。她用脚踢中了那块红烧肉，嘴里不仅责骂着王阳明，还连带着辱骂了郑氏。

王阳明从家里跑了出来，仰望天空……继母态度再差，他也可以忍，但他不能忍受有人辱骂生母，生母不能受污辱，这比砍他几刀还要

痛苦。一条计策在他脑海中闪现，但实现此计还需一个人的帮助。此人就是村后的巫婆。当王阳明向巫婆诉说遭遇时，巫婆不以为然，王阳明便说出了内心的真实想法：他不是为自己，而是为死去的母亲讨回尊严。巫婆望了望眼前这个瘦弱的孩子，最终决定帮王阳明的忙。

王阳明从街上买了一只长尾巴怪鸟，打算放在继母赵氏的床上。但是赵氏是高楼小姐出身，一般都不出房门。赵氏不出房门，他就没机会实施计划。但是王阳明就是王阳明，很快就有了点子。

他的两位玩伴在楼外大喊："着火了，着火了！"

赵氏和家人都冲出楼房，当他们上气不接下气地寻找火源时，却见两个小伙伴在草地上正追着玩耍。此时，王阳明闪进继母房内，将那只鸟放进了赵氏的被窝。

晚上，赵氏要睡觉，她坐上床沿，解下衣裤，双脚伸进被窝，触碰到毛茸茸的东西后，她惊叫一声，连忙掀起被子，一只长尾巴怪鸟"扑棱棱"飞起来。赵氏惊叫一声，晕倒在地。

醒来后的赵氏感觉遇上了大灾难，认定是鬼神折磨她。她找到鬼神先生的代言人——巫婆，想给点钱，消灾避祸。

巫婆也很好说话，亲自来王家做法事，最后代表鬼神告诉她，长尾巴鸟是王阳明亲生母亲郑氏的灵魂化身，她在另一个世界看到了她儿子吃苦头。

赵氏当然明白自己做了亏心事，于是跪在巫婆面前叩着响头说："大夫人，我保证以后对守仁好，你的儿子就是我的儿子，你在九泉之下放心吧。"

从此之后，赵氏如换成另一个人一样，善待王阳明，将他视为自己亲生儿子！

## 远大的理想

王华考中状元后，不管是远亲还是近邻，地方官还是地主商人，都前来拜访，王家可以说门庭若市。

一日，在宴席上，胡知县喷着酒气说：“王状元的水平闻名朝野，虎父无犬子啊，请令郎作诗一首。”

王华看了看王阳明，知道宝贝儿子读书不专心（经常胡思乱想），年纪又小，怎么会作诗啊？王华想绝不能给王家出丑，于是摇着脑袋，就想替子作诗一首。

这时，王阳明突然高兴地站起来说：“胡伯伯，好呀！我作一首诗。”然后，他在院内走了七步（与曹植的七步相同）后，高声吟道：

山近月远觉月小，便道此山大于月。

若人有眼大于天，当见山高月更阔。

此诗看似言辞幼稚，有打油诗的味道，但是其中却奥妙无穷。山和月到底哪个更大，这是少年王阳明用独特的思考方式，给出的一个似是而非的答案。

胡知县听后心服口服。王华微笑地注视着宝贝儿子，想不到小小年龄却能作出如此出色的诗篇。

胡知县很喜欢王阳明，拉着他的小手追问道：“读书为了什么？”

王明阳说：“读书为了做官，谁都知道呀！”

胡知县又问：“是不是天下一等重要事？”

王明阳道：“不是的。”

大家脸色突变，你瞅瞅我，我望望你，当官不是一等重要的事，难道还有什么比它更重要的事吗？

正当大家疑惑之时，王阳明给出了一个惊喜的答复：“我认为做圣贤是天下第一等重要事。”

这让大家哭笑不得，几千年来，大家公认的实现了该理想的也只有两三个人，如孔子、孟子等。

王华抄起身边的书向王阳明追过去要打，被竹轩先生拦住。王华还是不解气，挥舞着书本骂道：“让你小子狂，让你小子狂！”

竹轩先生说：“当年你说要考状元，如今不也实现了？”

王华是一个孝子，知道父亲溺爱这个宝贝孙子，为了不让父亲生气，他不敢顶嘴。

几天后，全家人随着王状元“北漂”，来到京城。王阳明也进了京城有名的私塾。

课堂上，老师见王阳明听课不集中，好像在思考什么，他要好好教育一次，然而事件的发展却并非老师想象的那样。

老师问：“你读了书，将来要干什么？”

王阳明说：“我想当圣贤。”

“噢。什么叫圣贤呢？”老师穷追不舍。

“圣贤就是品格最高尚、智慧最高超、学问最渊博的人。”

听了王阳明的话，老师欣慰地笑了。

## 打仗的梦想

王状元决定带着王阳明去看看外面的世界，看看祖国的大好河山，因为读万卷书不如行万里路。

他们要去的那个地方叫居庸关。王阳明听说要去居庸关后非常开心，此处是北京的咽喉之地，据险守隘，自古为兵家必争之地。他从小就喜欢军事兵法，经常与伙伴玩军事游戏，成绩也相当优异，每次总能将对方一窝端。

当王华带着儿子策马出城，登上居庸关，眺望远方……少年王阳明看到万里长城逶迤而来，仿佛看到了洪武年间的伟绩、永乐大帝的神武。这些风云岁月，深深地印入了他的心中。

王阳明回来后，王状元好多天没见到他，一打听才知道宝贝儿子在看兵书和练习武艺。王华差点气晕了，后悔带他去居庸关，儿子当圣贤的幻想还没有被扑灭，现在又要“带兵打仗”，打仗可不是玩过家家，风险大，随时都可能丢脑袋的。

王华正要找宝贝儿子，王阳明却主动找到他说：“我给皇上写了份奏章，只要给我几万人马，便能讨平鞑靼。”

王华沉默了一会儿，才如梦方醒，他抽起身边的毛笔，向王阳明打去，边打边说："你想要气死我，对吧？"

虽然王阳明为国效力的梦想受到打击，但是他并没有丧气，也没有妥协。

王华认为当圣贤与当军事家是相互矛盾的，而且实现其中任何一个目标都相当难，两个目标几乎不可能一起实现。王状元下朝回家，就在内心默默祈祷，希望儿子将来步入仕途，当个好官，造福一方百姓。

也许是王状元的祈祷起到了作用。那天，王阳明找到他说："父亲大人，上次我的想法不切实际，我错了。"

王状元十分欣慰，笑着说："只要你努力读书，我就放心了。"

"出兵打仗我不去了，我还是坚持原来的志向。"

"什么志向？"

"我要做圣贤！"

王华毕竟是状元，要文凭有文凭，要知识有知识，他很快就想到一条足以对付王阳明的绝妙计策。然而这个计策还需等上一两年，因为王阳明还小，还不满十六岁！

# 第二章　一见钟情

## 新郎失联

王状元对付不听话儿子的办法很简单，那就是给他娶个老婆。王状元相信有老婆管着，这小子就“务实”了！当然这只是王状元一个人的想法，不然世上就少了一位知行合一的圣贤！

王华是状元出身，又给皇帝当过讲师，位高权重，王阳明虽然喜欢玩，但是小伙子长得比较帅气，很讨人喜欢。王家要结亲的消息传出后，媒婆们都挤破脑袋般登门。

王状元替儿子挑来拣去，最终相中了诸让的大女儿。诸让是江西布政司左参议，从四品。与诸参议结为亲家，不只是门当户对，而且还有一个重要的原因，诸参议也是余姚人，老乡结亲更是亲上加亲。

竹轩先生对儿子不满意，总嫌他对孙子管得严，但是见到儿子给孙子张罗亲事，他非常高兴，认为多一个女人不是管束，而是照顾！他年纪大了，又体弱多病，盼望爱孙早日结婚生子！

虽说男大当婚、女大当嫁，但诸参议望着自己这个十九岁如花似玉的女儿，还是放心不下。他做出了一个重要决定，让未来的女婿亲自来迎亲，自己可以从中考察一番，然而事情的发展却不尽如人意。

诸参议给王状元写了信，提议准女婿来江西完婚。养了十几年的女儿马上要嫁人，家长的心情是复杂的，担忧也十分必要，准女婿到底是个什么样的人？若遇赌徒、嫖客、流氓之类的家伙，那不是把女儿一生的幸福都毁掉了？王状元十分理解诸亲家的想法，他非常爽快地答应了。

王阳明抵达江西洪都（今江西南昌），进入诸参议府。他很有礼貌地对长辈行大礼，对平辈热情招呼，对下人也客客气气，这让诸参议感觉非常满意。一名“丫鬟”过来给王阳明续茶，“丫鬟”离开时向王阳明偷偷瞥了一眼，然而脸红了。王阳明以为诸府丫鬟雍容大方，比他家的强得多。事实上王阳明错了，此女并非丫鬟，而是诸参议的大女儿，他的未婚妻婉龄。婉龄假扮丫鬟见新郎，当时也是违规行为，但是我非常理解她的心情，对于即将结婚的老公看了才心里有底，有底当然比没底强啊！

诸大人对王阳明印象相当不错，诸婉龄自从看了一眼王阳明，就喜欢得不得了，把他当作后半生唯一可依靠的男人。随后，结婚的好日子便被定了下来。

大喜那天，诸府张灯结彩，一派喜气洋洋，宾客盈门。正要举行拜堂仪式时，一位关键角色却不见了，此人就是新郎王阳明。这把诸府的人急坏了，大家如同热锅上的蚂蚁。结不了婚事小，若王状元的儿子有个三长两短，即便浑身是嘴也说不清啊！

诸大人是进士出身，分析判断能力较强，马上作出决定，分两路寻找王阳明。一是沿河寻找。王阳明会不会掉进河里？二是沿山路寻找。王阳明是不是迷了山路？

诸府的宾客也相当仗义，不管男女老少，纷纷加入寻人队伍。大家兴致勃勃而去，败兴而归，因为他们辛辛苦苦寻找了一夜，不要说新郎其人，就是影子也没见着。

东方第一丝阳光投射进来，大家知道天明了。诸府的人睁着血丝的双眼，只是摇头叹气，诸岳父冥思苦想，就是想不出寻找新郎的方案。

此时，新娘婉龄匆匆进入大堂，轻声地说：“听说他（王阳明）爱钻研悟道之类的事情，要不去寺庙、道观找找看？”

一句话点醒梦中人，诸参议马上命令：“去铁柱宫！”

当岳父大人冒着汗水急匆匆跑进道观，却看到令人惊奇的一幕：新郎与道士正在并排打坐。岳父大人大声叫道：“王公子，你让我们找得好辛苦啊！”

“岳父大人，找我有事吗？”

"大喜之事。"

"啊！不好意思，我怎么忘了？"

怎么忘了，当然要问他自己。原来这位新郎出来漫无目的地游荡，抬头见"铁柱宫"三个字，便进去了。铁柱宫在洪都相当有名气，是达官贵人趋之若鹜的道观。

王阳明见一位仙风道骨的道士打坐，便与道士聊天，两人越聊越起劲儿，后来他也学着道士打坐。王阳明也太没心没肺了，连自己的结婚大事都会忘记，真是前无古人后无来者啊！

王阳明的逸事在茶馆、菜场、码头传开，很快就传遍了整个洪都，大家一致认为王阳明这个人不靠谱。

诸参议开始对女儿的婚事顾虑重重，这小子连结婚之日都会忘记，将来如何能指望他成家立业，照顾女儿？

诸参议做事认真，遇上这档事着实为难，一方是王状元的儿子，不能轻易得罪；另一方是女儿未来的幸福，更加重要。

诸参议正在踌躇难决之时，想到了一个关键人物，相信由她来拿主意最为合理，此人就是新娘婉龄！

婉龄说："父亲大人，王公子确实让咱家丢了脸。"

"把婚约解除吧。"

"不，还是嫁给他吧。"

"难道你不怕他不务正业，干悟道之类的杂事。"

"这有什么不好的？这是王公子爱学习呀！"

诸让注视着眼前的爱女，他知道以前那个调皮、撒娇的女孩不见了，展现在自己面前的是漂亮、聪慧、大方的姑娘，他非常欣慰。他也从爱女美丽的眼神里读懂了一种奇特的东西，这个东西有个惊世骇俗的名字——爱！

## 有缘无分

王阳明终于结了婚，还在岳父家里住了半年。新娘看到王阳明读书、练字的样子当然高兴，作为王状元的儿子，只要用心学习，考个功名不成问题。但她不懂王阳明，王阳明的梦想不是当官，而是做圣贤。

王阳明带上老婆踏上回余姚老家的路，一路上他满脑子都在想着做圣贤的事，途经广信，即今天的江西上饶，他决定去拜访一位旷世奇才，请此人指点迷津。此人叫娄谅，字一斋，是吴与弼的高徒，喜欢佛道二家思想，深谙理学三旨。

王阳明舍舟登岸，在把老婆安置在悦来客栈后，他便带着书童直奔娄谅先生家。然而在那里，他将遇到自己一生难忘的人。

王阳明敲了敲门，门人出来告诉他，娄先生讲学还没回来。

为了求学，再累再辛苦，王阳明也不怕，他先在门外等候，累了就坐在门槛上，门人见了大喝一声，将他往外赶。此时，一个十二三岁的少女听到响动后，出来喝退门人。

此少女就是娄谅大师的孙女，叫娄素珍。当得知王阳明此行目的后，她请王阳明进屋品茶。王阳明发现此少女年龄虽小，但是琴棋书画样样精通。名师出高徒，他对娄谅大师也自然多了几分敬佩。

当天空收走最后一抹夕阳余晖时，屋外响起了轻快的脚步声，娄素珍说道："祖父回来了，祖父回来了……"

娄谅先生进屋，见来客是一位儒雅青年，正惊诧之际，王阳明跪拜行礼说："拜师求学，立志做圣贤。"

娄谅先生笑容可掬地把王阳明扶起来，然后询问了他的情况。王阳明于是一五一十地介绍起来，当然把王家的祖宗三代都交代清楚了。

娄先生对王阳明相当友好，笑眯眯地说："王状元的儿子，前途无量。"不错，王阳明是"官二代"，本人智商又高，但读者凭此便认为娄先生必定收他为徒，那就大错特错了。

只见娄先生摇晃着竹扇说："你要做圣贤，我很欣慰，但是我不是圣贤，没有资格当你的先生！"

娄先生说的也是大实话，他不是圣贤，凭什么教弟子当圣贤？如果他达到这个水平，自己早当圣贤了。

王阳明认为自己也没有说错啊，但是娄先生说得头头是道，没有反驳的理由。王阳明非常沮丧，难道一定要找到圣贤吗？如果找不到，自己的梦想不就要泡汤了？

此刻，屋内寂静极了，只有窗外的树叶被风吹得哗哗响。

娄谅说："送客！"

王阳明脸白了，他不能放弃。令人羡慕的圣贤之路确实难找，比奇珍异宝之类的还要难找啊！

娄素珍上前催他出门，王阳明的双脚如同灌了铅一样，慢慢地往外移动，但是他惊喜地发现一丝希望，娄素珍在暗暗向自己使眼色。

王阳明退到院子的东角边。娄素珍低声说："我去求求祖父。"

过了好久，娄家没有人出来。等待如同煎熬。王阳明仰望着黑茫茫的天空，圣贤之路的大门在哪里啊？他遇上挫折也不会退缩，脑海又开始如千军万马似的奔腾起来……

皓月当空，院门突开，娄素珍如燕子般"飞"出来，欢快地说："王公子，祖父答应收你为徒了。"

欢乐充满王阳明的全身。什么叫幸福？这就是幸福，他好像全身充满了无穷的力量。

娄素珍说服祖父的理由很简单：王阳明有一个伟大的梦想，虽然实现这个梦想几乎不可能，但他依然苦苦追寻，如果能给他指明方向，也是善果。

娄大师觉得宝贝孙女说得有道理，他也没反驳的理由，于是收下了王阳明这个徒弟。

王阳明行了拜师之礼后，真诚问道："怎么才能进入圣贤之门？"

娄谅见王阳明求知欲强烈、谈吐不俗，非常欣赏。他说："你可以读朱熹的书，就是格物致知。"

王阳明又问："什么时候可以成功？"

娄谅先生没有直接回答，而是借用大师程颐的话说："今天格一物，明天又格一物，豁然贯通。"

王阳明眼前一亮，信心百倍，他终于找到了通往圣贤大门的方向，但是离找到打开那扇门的金钥匙还有漫长的道路。

# 第三章　格物致知

## 格 竹 子

王阳明带着媳妇回到老家余姚。祖母岑氏看到后喜出望外，连拉带拽将他俩领进内屋，拜见患病卧床的祖父竹轩先生。

竹轩先生最喜爱王阳明，虽然病情严重，但脑子还是清楚的，天天念叨着王阳明。竹轩先生仰起头，见到日思夜盼的好孙子，还以为是做梦呢。王阳明上前握住祖父干瘦的双手，竹轩先生咬了咬嘴唇，才知道眼前的一切是真的。王阳明介绍媳妇诸氏，他的幸福婚姻刚刚说完，又滔滔不绝地大谈起圣贤之事。支持他做圣贤的人不多，家里好歹也有一位，那就是自己的祖父。

竹轩先生支持他，不单因为认可王阳明的理想，更因为溺爱自己的宝贝孙子。王阳明从小到大，竹轩先生从来没有对其说过一个不字。

竹轩先生有培养人才的经历，比如说培养过状元（王华），但是面对圣贤，他感到无比的渺茫。他关心地问："你真的想做圣贤？"

"是啊，这是我一直追求的美好理想！"

"哎，这条路非常难走啊，要达到'内圣外王'，便要先锻造自己做到'内圣'，然后才能达到'外王'！"

竹轩先生知道宝贝孙子聪慧过人，但他还是非常不放心，因为做圣贤需要经过后天难以想象的磨难、锻炼。

"祖父，你放心吧，我不会在困难面前退缩的。"

竹轩先生知道孙子要经历各种考验，他决定送上一份最好的礼物——鼓励。

“不管遇到多大的困难、挑战，祖父一定会在背后默默地支持你！”

过了几天，祖父含笑九泉。祖父虽然永远离开了，但他是笑着走的，他对王阳明的精神支持相当大，在以后的岁月里，他将陪伴着王阳明前行，就如同冬日里的一把火！

王阳明的父亲王华请假回到家乡，守丧三年。对于当官的这类请假，当时被统一称为丁忧。

王阳明看到最亲之人离开了，他不能只悲痛不振作，他要化悲痛为力量，好好学习，让在另一个世界的祖父为他每一个成绩和进步而欣慰。

王阳明拾起朱熹的书，认真研读。朱圣贤提出的四个字给他指出了一条金光大道：格物致知。他准备从“格物”开始！

格物就是熟悉、体察、参悟某个具体事物，之后才能掌握规律，达到某个境界。朱圣贤认为世上万物，大至天地宇宙，小到草木虫鱼，都有先天本来的自然规律。自然规律就是“理”！

好，门前的老母鸡是有“理”的，床底下的杂物是有“理”的，枕头下的私房钱也是有“理”的……

王阳明看了看房前房后的大批竹子，决定先从竹子着手，开始格物。一是为纪念祖父，祖父生前喜爱竹子，一生以竹为伴；二是格竹子相对来说容易些（这是王阳明的偏见）。

大清早，王阳明抱着茶壶来到竹林间，挑中一根竹子，双眼死死盯住那竹子，他想：从竹子中悟出“理”应该不难。

王状元送走了去世的父亲，开始关心宝贝儿子。他找到书房，不见儿子，连忙派人寻找，结果发现这个宝贝正待在自家的竹园里，看着一根竹子发呆，一动也不动。

王华走过去疑惑地问道：“你又想干什么？”

这是王阳明十八岁以来第一次不尊重父亲。他没有看父亲一眼，双眼死盯着那根竹子，挥了挥手说：“不要吵，我在参悟圣贤之‘理’。”

王华气得不行，如果他还没有结婚，一定会给他一巴掌，可是现在这小子也是成家的男人了。王华急匆匆离开，边走边大叫：“我不管了，我不管了！”

老婆诸氏是温柔贤惠型的，她去竹园请王阳明吃饭，王阳明没有理睬。诸氏是聪明人，她没有吵，也没有骂人，当然她想管也是管不了的，因为在旧社会，妇女的地位实在低得可怜！

不管王状元如何愤怒，也不管诸氏有多么无奈，王阳明依然“深情款款”地注视着那根竹子。在他的世界里，只剩下他和那根没有名字的竹子。

格竹子实在也是件辛苦的差事。王阳明坐在竹子跟前，不管风吹雨淋，不管别人的嘲笑，他呆呆地看着这个有“理”的玩意儿。

朱圣贤说“理”在其中，但是怎么才能找到呢？

王阳明怀着无比的热情，在竹子面前守了七天七夜，始终没有得到“理”，却得了感冒。

王阳明的感冒比较严重，他病倒了。生病期间，王阳明并没有休息，他仍在思考格竹子的问题。

通过此事，王阳明第一次产生了疑问：朱圣贤的话是正确的吗？

这就是中国历史上著名的阳明格竹。这个奇怪的故事背后，是王阳明对未知的苦苦探索和执着追求！

## 一堂生动的哲学课

朱圣贤就是朱熹，他的地位仅次于孔子、孟子，在中国历史上有着重要作用，他的思想和学说影响着一代又一代人。

他虽声名远扬，但关于他的争论几百年都没有停止过，骂他的人有，夸他的人也有，但无论如何，双方都承认一点：他是一位影响历史的人物。

朱熹到底是怎样一个人？

支持者认为，他是宋明理学的标志性人物，是一位伟大的思想家。

反对者认为，他是宋明理学的代表性人物，是禁锢思想的罪魁祸首！

其实朱熹先生远没有人们所说的那么复杂，当然也不简单。在我看来，他是一位有追求的人，可以算半个圣贤。

当然朱圣贤追求的目标与众不同，他追求的是这个世界上最为深邃的道理。

为探寻这个世界上最为深邃的秘密，朱熹先生用了毕生的精力和心血，收到了非常优异的成绩单，格物致知成为他最为突出的成果。

在这个世界上，存在着一种神奇的东西，它无影无形，却又无处不在，轻若无物，却又重若泰山，如果能够获知这一样东西，就能够了解这个世界上的所有奥秘，看透所有的伪装，通晓所有知识，天下万物皆可归于掌握！

这不是谣传，而是客观存在的事实。

这种东西实在是太诱惑，因此几千年来，它一直吸引着无数人前仆后继地追寻。更为重要的是，这种东西不仅存在，而且可以为人所掌握、运用。

这种东西的名字叫“理”。

所谓“理”，是天下所有规律的总和，是最根本的法则。只要能够了解“理”，就可以明了世间所有的一切。

朱熹的“理”源于儒家，这种东西不同于和尚、道士开悟，也不同于武林高手习武，是从书中读来的，实用性强。一旦通“理”，便尽可知天下万物万事，胸怀宽广，宠辱不惊，无惧无畏，可修身，可齐家，可治国安邦！

对于“理”：

一、“理”是稀罕玩意儿，是立志成大才的人一生追求的目标。

二、无论从事什么职业，悟“理”之后，便可使你脱胎换骨。

三、悟“理”非常困难，但成功后是很牛的。

说了这么多好，还有一个关键问题没有解决，既然悟“理”这么好，那怎么才能悟“理”呢？

朱圣贤告诉我们："格物穷理"是打开圣贤之门的金钥匙。

"理"无处不在，而要领会它，就必须认认真真地去"格"（探寻、参悟）。

圣贤之路是一条完全不同的道路，它有起点，却似乎永远看不到终点。它神秘，深不可测，它比其他路更加艰辛。在这条崎岖之路上，没有帮手，没有导师，你不知道什么时候会成功，不知道什么时候会失败，甚至也不知道什么时候应该放弃。

然而冠绝千古勇气、智慧的王阳明义无反顾地踏上了这条道路，最终他成功了，就在十九年后的那个叫龙场的地方，在那个夜晚，在那个载入历史的瞬间！

# 第四章　初入仕途

## 考　　试

王阳明得了严重感冒，家人非常难过，唯独有一个人幸灾乐祸，此人就是父亲王华。他如此开心，因为他想通过这个沉痛的教训，让桀骜不驯的儿子悬崖勒马。

王阳明身体刚痊愈，王华便把他和儿媳妇诸氏叫进厅堂。

王华首先说了一番关心之类的话，然后突然话锋一转，说："儿子，你从今以后要全心读四书五经，将来考个功名。"

王阳明抬起头瞥了一眼父亲，然后眺望大门外的蓝蓝天空……王阳明对父亲的话不满，非常不满，他想这是"丢了西瓜捡芝麻"啊，但是他强忍着，没有顶嘴！

面对老公和公公两座一触即发的火山，在场的诸氏左右为难，老公整天干杂七杂八的事情，也不知道猴年马月能出山；公公是家里的顶梁柱，得罪不起啊。但是聪明的诸氏开动脑筋，马上想出了一条绝妙计策。

诸氏说："相公，你得考取功名，因为以后全家人都指望你过日子呢！"

这给王阳明戴了一顶高帽子，一家人未来指望他，作为一个男人没有理由拒绝。王阳明想了想，重重地点点头。

诸氏又说："父亲大人，如果相公能考上功名，圣贤之道就让他去参悟吧！”

王华从头到脚看了一遍诸氏，说：“行，就这么办吧！”虽然他不是完全满意，但确实也没有比这更好的点子了。

王华毕竟是状元，如果儿子连进士都不是，也实在丢不起这个人。

王阳明于是捡起了四书五经，当然他看四书五经的精力也不多，每天花上三分之一时间，其余时间又在看朱圣贤的书。

智慧人就是智慧人，王阳明确实继承了王华的优良基因，他二十一岁那年第一次参加乡试，就中了举人。

王华开心极了，满面笑容地迎接前来祝贺的亲朋好友、左邻右舍。夜深人静之时，客人都离开了，王华笑着拍拍儿子的肩膀说：“好小子，给我长脸啊，明年你必定金榜题名！”

王阳明也自信地向父亲点头。

可事实证明，“平时不烧香，临时抱佛脚”毕竟是靠不住的，王阳明临考前恶补效果虽说不错，但只能糊弄省级教官，到了中央，这一招不灵了。

之后的弘治六年（1493 年）和弘治九年（1496 年），王阳明两次参加会试，都名落孙山，铩羽而归！

王华十分焦急，考不上进士，谁也帮不上忙。

比王华更焦急的人就是王阳明，他很沮丧，自己的奋斗目标是圣贤，但是现在却连会试都过不了，怎么才能实现这个伟大的目标啊？

王阳明通过痛苦思索，一个新的计划浮现在脑海，他决定去找父亲王华谈谈。

“父亲大人，我确实错了。”

听到此话，王华欣慰地笑了，这个宝贝儿子终于懂事了，他决定安慰一下儿子。

“以你的天分，将来必成大业。以后用功读书就是了，下次必定中榜。”

王华看着儿子，按照通常情况，他应该过来谢礼，然后去书房读书。但是意外却发生了。

“父亲大人，我想了好久，落榜之事本来无关紧要，而我却辗转反侧，忧心忡忡，为此无关紧要之事烦恼不已，实在是大错啊。”

王华又一次蒙了，但是王阳明却毫不理会，继续说：“我以为书房苦读并无用处，学习兵法、熟习韬略才是真正报国之道，今后我要多读兵书，将来报效国家。”

说完这几句，王阳明不慌不忙地行了一个礼，飘然而去。

王华看到儿子离开的背影，发出怒吼：“我要被你气死啊！”

王阳明没有开玩笑，在二十六岁那年，他开始学习兵法、谋略，同时还练习武艺，学习骑射。

当然他还是听诸氏的话，给父亲面子，四书五经仍旧照读，这也是对家人的些许安慰吧。

在这日复一日的学习中，王阳明逐渐掌握了军事的奥秘和非凡的武艺，此时武装他头脑的，不仅仅是四书五经之类的知识。文武兼备的他已悄悄地超越了很多人，对很多人而言，他已经变得过于强大。

边习武边读文的王阳明迎来了人生中的第三次会试，这一年他二十八岁。

这次会试后，王阳明虽然没进入翰林院，但总算当官了。

王阳明，请继续努力吧，一切才刚刚开始！

## 赠送威宁伯之剑

王阳明考中进士，被分配到工部上班。王阳明第一个差事是负责建房，这房子有一个统一的称呼——坟墓，是给过世的王越大人所用的。

王越是明代屈指可数的儒将，他也是进士出身，在明朝历史上文人立军功而被封为伯的只有三人，而王越是其中一位，另两位是王骥、王阳明。当然王阳明的战功比前两位彪炳得多，后来王阳明的官位从伯升为侯，在明代唯有文臣王阳明有如此殊荣！

王越年轻时参加会试，当他认认真真地答完卷，拟交卷时，突然刮起一阵飓风，考生们睁不开眼睛，然而风停之后，意外发生了，王越的答卷不见了，怎么找也没有。王越急得哭天抹泪，考官也是好人，又给了他一张试卷。王越也真是人才，奇迹般快速完成答卷，还高中进士。之后，王越成了家喻户晓的新闻人物。在规定时间内做完两份试卷，足见其功底深厚，思维敏捷。

王阳明来到工地督查施工进展和质量，他拒绝坐轿子，而是选择骑马。当他骑着高头大马巡视工地时，内心燃起了对军事的无比激情，他做出了一个让人想也不敢想的决定：训练民工。在民工休息期间，他让民工练习武术，操演排兵布阵。不久，民工们的演练精确到位，特别是诸葛武侯创建的“八阵图”，操演得相当完美！“八阵图”成了几乎不可攻破的阵法，民工们也成了以一当十的特种工。王阳明用实际行动诠释了军民一家的真谛。

此时也有好心人悄悄地告诉王阳明，叫他不要演练了。天天在王越大人坟墓前喊打喊杀，怎么让王越老人家安息啊？

派王阳明来修建坟墓，又不是操练军队，每天带人舞枪弄棒，排兵布阵，碰上谁家，都不会接受啊。王阳明也感觉此事有点儿不地道，准备向王越儿子赔礼道歉。然而这时却传来一个惊人的信息：王越的儿子要见他。

王阳明刚刚跨进门槛，王越的儿子便抽出一把宝剑直奔过来。

王阳明虽是文人，也练过武艺，见对方拿着宝剑朝自己奔来，他镇定地注视着对方的手势，决定静观其变。

王越的儿子没有抽剑砍人，也没有威胁人，而是非常友好地把宝剑递给王阳明，说：“宝剑送给你。”

这让王阳明措手不及，惊讶地问：“为何啊？”

“这是家父的意思。”

这让王阳明彻底懵了，王越去世已半年，难道他复活了？这当然是不可能的。王越当官时，王阳明还是未涉足官场的无名小卒，两人从未谋面，难道如诸葛亮一样未卜先知，知道王阳明来修坟墓。

“王越大人吗？”

“是的，家父生前说，要把此剑送给文武兼备的将军，你是文官，但操练的‘八阵图’不亚于当年的诸葛先生，此剑应该属于你。所谓宝

剑配英雄！”

王阳明只是工部七品的小官，此时他不是英雄，也不能预测自己将来会成为封疆大吏。

但是王阳明喜欢带兵打仗，他爽快地接过宝剑，然后在王越将军牌位前叩了九个响头。王阳明相信自己必会走上经略四方的平台，与王越将军一样建功立业！

## 监狱黑幕

那些年，明朝边境时不时会出现大规模抢劫，王阳明得知后非常生气，抓住时机向弘治皇帝朱祐樘呈上《陈言边务疏》，即合理化建议。内容主要是说军事问题首先是政治清明问题，只要政治清明，军事问题就可迎刃而解。

皇帝朱祐樘认为王阳明非常有军事见解，文字功夫了得，但他却做出了一个让人啼笑皆非的决定，没有安排军事天才王阳明去兵部，而是调任他为刑部云南清吏司主事，主要职责就是审核各种冤假错案。

真是风马牛不相及，但王阳明却无怨无悔地上任了。王阳明经过十多天的奔波，来到边远的云南。那天，他在狱长的陪同下巡视大牢，发现一个奇特问题，这里的囚犯与普通人明显不同，长得瘦骨嶙峋，全都小一号。

王阳明追问狱长，狱长眼里闪过一丝慌乱，马上镇定地说：“犯人来到这里，心理压力大，吃不香睡不稳，自然而然会瘦下来啊。”

这种解释应该是天衣无缝，因为当时还没有心理咨询师，没法给囚犯进行心理辅导。囚犯进了这种鬼地方，不瘦几斤才怪呢？

但是王阳明感觉此事蹊跷，因为从狱长的眼神中，他捕获到了蛛丝马迹。

狱长见王阳明是一位精明的大人，见瞒不过他，就打算把他拉下水，决定运用自己的绝招——溜须拍马。当夜幕降临时，狱长敲开了王阳明的房门，送来了一个红包。

王阳明是聪明人，他没有拒绝，也没有笑纳，只是与狱长谈话，态度更加热情，氛围更加友好，真是相见恨晚。直到狱长离开时，王阳明也没有提搁在桌面的红包，不拒绝就是默认、收下。这让狱长兄弟彻底放心了，吃人家的嘴软，拿人家的手短。

聪明的狱长兄弟以为解决了王阳明，但怎么也想不到，王阳明是一位不认财只认理的家伙，他马上会遇上麻烦。

王阳明暗暗关注监狱内的风吹草动。功夫不负有心人，不久的一天，王阳明发现狱卒抬着大桶从食堂出来，不进牢房而是向监狱的北面而行。王阳明悄无声息地跟在后面，当来到猪圈后，王阳明被眼下这一幕彻底惊呆了，狱卒将大桶的饭菜倒进猪槽！

王阳明奔上前抓住狱卒的衣领责问："为何把囚犯的伙食给猪吃？"

狱卒不慌不忙地回答："这批猪是我们监狱饲养的。"

"你把囚犯的食物给猪吃，囚犯吃什么？"

"囚犯当然是吃饭呀，只是少吃点，少吃点又不会饿死。"

"让你少吃点行不行？"

"这些囚犯罪大恶极，少吃点对他们也是惩罚，再说有些人迟早也要死，吃那么多干什么？"

王阳明面对这种歪理，非常愤怒。

狱卒讨好地说："把这群猪喂肥，可以杀了吃肉。"

那时猪肉是奢侈品，一般当官人家平时也吃不上猪肉，只有过年过节或者祭祀才买上一两斤猪肉。

王阳明大发雷霆，提出关掉猪圈。

见王阳明雷厉风行的举动，狱长以为给的红包太少，又拿出一个更厚重的红包，他相信王阳明拿到这个红包就不会刁难他了。但是他错了，王阳明把原来的那个红包扔给他，说："狱长，这是你上次留下的东西，今天别忘了带走。"狱长的脸红得如猪肝一般。

猪圈被关掉了，猪怎么办？

王阳明说："给囚犯吃吧。"

狱长说："这个使不得，万一让云南老百姓知道就不好了。"

“有什么不好？”

“如果知道了囚犯的伙食是猪肉，那些想肉差点想疯的老百姓便可能以身试法，那时监狱爆满，就成了重灾区了！”

“那你把猪卖了，拿了钱给囚犯改善一下伙食吧。”

“好吧，但还请王大人帮个忙。”

王阳明注视着狱长，也不知道他要自己帮什么忙？

“请王大人不要把此事捅到上面。”

“此事已解决，没有必要向上面汇报。”

从这个故事中，我们可以看到官员处理事情要公平、公正，不能因为是犯人或者坏人就另眼相待。

## 人性之美

王阳明在查阅案卷时，发现了一封刘老汉要求从轻处罚犯人的来信。从轻处罚的对象是他儿子刘秀才。刘秀才以饿死母亲的不孝罪被捕入狱，此人在当地百姓中引起公愤，剐千刀也不解恨。一般遇上这种情况，谁也不会过问此案，但王阳明初生牛犊不怕虎，决定管下去。经过调查，刘秀才平时确实吃香的喝辣的，而老母亲却整天挨饿，后来实在挺不住，到阎王爷那边找吃的去了。

刘老汉在来信中不管怎么解释，怎么替儿子开脱，大家都清楚一个事实：他这样做无非是为救出宝贝儿子。

但是王阳明却从信中读出了另一层意思，此案必有隐情。

当王阳明进入监狱提审囚犯时，狱长提醒说：“刘秀才案你最好别管，如果帮他翻案，当地老百姓的唾沫星子会将你淹死。”狱长的话是真切的，一个秀才把自己的母亲活活饿死，就是有一百个一千个理由也不顶用。

王阳明却我行我素。他的想法很简单，一切以事实为依据，以法律为准绳。不昧着良心，才能做一名正义、公平、有担当的法官！

王阳明去刘秀才家调查，发现一条重要线索，就是刘秀才的母亲生前患绝症，但是患绝症与饿死不存在因果关系，一段时间后，王阳明的调查陷入死胡同。遇到这种情况，一般法官会到此为止，但王阳明却是牛脾气，他进一步开展调查，终于找到了那个秘密——刘秀才冤案的直接证据。王阳明从刘秀才母亲的遗物中发现一张纸，我们通常叫遗书，大致意思是说：我患了绝症，不想给家里增加负担，就不吃饭了。

刘秀才母亲绝食差点害死儿子，但她却成了老百姓心目中的好人，她的人性之美如一只灯笼，照亮了众多老百姓的心灵。王阳明认为此事发展不符合朱圣贤的观点，他开始对朱圣贤的学说产生了怀疑。朱圣贤的学说就是用客观世界的“理”，去对抗主观的“欲”，就是为追求理想中的崇高道德，可以牺牲人的所有欲望，包括人性中最基本的欲望。而刘秀才母亲用自己的欲望来对抗这个社会的法理，难道这是意外吗？

朱圣贤认为“理”是宇宙万物的根本规律和准则，但是有一个天敌，那就是“欲”，只要人人遵循这个“理”，好处多了去了，世界和平，宇宙也和谐。用今天的话来说，能降低犯罪率，稳定社会。撬门入室的，飞车抢包的，那些调戏妇人的张三李四王二麻子，会统统消失。

朱圣贤提出将“天理”和“人欲”分开，王阳明认为是不妥当的，但是不分开怎么办啊？

王阳明对朱圣贤的观点有了疑问，朱圣贤最为重要的观点就是“存天理，灭人欲”，实际中运用最为著名的就是“饿死事小，失节事大”。这是比较片面的观点，被无数人无数次批判过。

一次偶然的机会，王阳明在追求圣贤之路上又迈出了一大步。那是他来到杭州办事，在灵隐寺，他会见了知名度极高的禅师。那几年，王阳明“格”来“格”去，总是“格”不出名堂，他非常郁闷，于是想同禅师聊聊天，从中找点儿灵感。

庙里的方丈介绍了一位大禅师，说这位禅师长期参佛，修行高深，而且已经悟透生死，看破红尘，是僧人争相请教的对象。

王阳明大喜，即刻拜见这位禅师，希望得到更多的启示。

但结果让他失望了，因为这位禅师没有什么过人之处，只是告诉了

他一些自己早已熟知的佛经禅理，慢慢地王阳明失去了兴趣。禅师毕竟是高人，见王阳明失望，他选择了沉默。

在漫长的沉默之中，突然王阳明打破沉寂，友好地问："你有家吗？"

禅师睁开眼说："有！"

"家中尚有何人？"

"母亲大人。"

"你想她吗？"

禅师没有立即回答这个问题，空荡荡的庙堂又恢复了寂静，只剩下窗外凌厉的风声。

良久之后，响起一声感叹："怎么会不想啊！"

禅师缓缓地低下头，在他看来这种回答不符合出家人的身份。

王阳明站起身，盯着这位惭愧的禅师，严肃认真地说："想念自己的母亲，有什么好羞愧的，这就是人与动物的本质区别。"

禅师没有回应，却默默地流下了泪水。

突然，禅师站起身，向王阳明庄重行礼，告辞而去。

第二天，发生了一件让王阳明始料不及的事，这位禅师收拾行装，舍弃了苦苦得来的禅师身份，还俗回家去探望自己的母亲了。

由此王阳明悟到了一个人世间的真理：无论何时、何地、何种情况，人性都不能，也不会泯灭的，它将永远屹立于天地间！

# 第五章 刘瑾暴行

## 刘瑾得势

弘治十八年（1505年），年仅三十六岁的孝宗皇帝朱祐樘驾鹤仙去，皇位传给了不想当皇帝的朱厚照，但是朱厚照不当又不行，因为朱祐樘生了两个儿子，其中一个已病死，现在只剩下他这个儿子了。

许多史学家认为朱厚照是十足的昏君，而我给这位奇皇帝的称呼是一代玩主。朱厚照爱玩，跟一个人有关，此人就是太监刘瑾。从小到大，朱厚照在刘瑾的引导下玩耍，玩耍看似简单，但要玩出层出不穷的花样，要让人玩得上瘾，确实不简单，刘太监就有这个本事。当朱厚照坐上皇位，脑海中思考的不是治理天下，而是去哪里玩，有什么好玩的。

刘瑾是陕西人，出生贫苦人家，本姓谈，六岁那年随大人去了北京，成为一位光荣的“北漂”族。刘瑾虽然是坏人，但他意志坚强，胆子特大，为了找工作讨饭吃，十二岁那年他主动自宫。

更悬的是，自宫不一定能有工作，想当太监找饭吃的人多了去了，没点儿门路还是进不去的。万一进不去，割掉的肉又长不回去，那可就亏大了。

刘瑾的运气不错，他的伶俐乖巧被刘公公相中，便进了宫当上了太监。刘瑾知道“有奶就是娘，有饭就是爹”的道理，马上拜刘公公为干爹，改姓刘。

公道来说，刘瑾是一个有追求的太监。他进宫后认真学习，发愤图强，很快达到识文断字的水平，做事又很勤快，很讨人欢心，领导马上安排这位小太监侍候未来的皇帝朱厚照。

当刘瑾看到整天不看书、到处打听稀奇古怪玩法的朱厚照时，他意识到升官发财的机会就要出现了。只要哄住这个少年，带他随心所欲地玩乐，满足他的需求，就有自己想要的一切东西。

当然刘瑾不是唯一的聪明人，还有另外七个太监也发现了这条飞黄腾达的捷径。七个人分别是马永成、高凤、罗祥、魏彬、丘聚、谷大用、张永。他们八人被授予一个极为威风的称号："八虎"。

朱厚照当皇帝后，很快发现与那些整天板着脸的老头子相比，身边百依百顺的太监更让他舒服、爽快。他自己懒着管事，就让这些太监管理宫中大事，还允许他们参与朝政，分享国家大权。

刘瑾是"八虎"的老大，他权力逐渐壮大，却没有冲昏头脑，他为下一步扩张势力步步为营。从前几任失势的太监教训中，他懂得了情报工作的重要性，要想安安稳稳做名权倾天下的太监，必须在大臣中寻找一位卧底。

刘瑾把黑手伸进了大臣当中，自己虽然得宠，但是拉拢刘健、李东阳、谢迁几位一流的大臣是不可能的，因为这些文人骨子里根本看不起太监。但是他聪明绝顶，很快物色到一个合适人选——吏部侍郎焦芳。

焦芳是河南泌阳人，进士出身，还在翰林院进修过，他心甘情愿地与太监狼狈为奸，成为潜伏在大臣中的奸细。

朱厚照当皇帝后整天离不开玩，首辅大臣大学士刘健看不下去，便请皇帝大人不要玩了，当个好皇帝。

但朱厚照还是老样子，该玩还是玩，后来干脆连早朝也不上了。很多时候大臣找他连影子也见不着。

吏部尚书马文升、兵部尚书刘大夏出马了，他们先后上书，希望通过限制少年朱皇帝的行为，把他往正道上拉一把。

两位尚书所说的最厉害的那句是，如果皇帝不改正，他们会继续上书，直到皇帝改正为止。

这把十六岁的朱厚照吓了一跳，产生了畏惧感，这是他一生中所经历的第一次考验。朱厚照想想道理在两位尚书那边，他想妥协了，但是一个人出现了，他的讲话改变了朱厚照的一生。

此人就是刘瑾。刘瑾说："你不需要听命于他们，你有命令他们的权力。"

这给朱厚照打了一剂强心针，以前他总认为道理在哪边就听哪边的。

刘瑾继续说："你听他们的话，这要传出去了太没面子了，你可以让他们'下岗'。"

朱厚照笑着点点头。

马文升、刘大夏没想到会是这样一个结果，不但没有改变朱厚照，还被反咬了一口，勤勤恳恳干了几十年，竟然是这个结果，伤心之余，准备离职回家。

回老家前，他们拜会了刘大学士。

刘大学士说："你们放心回家吧。"

两位前任尚书一头雾水。

"皇帝贪玩的原因都是'八虎'引诱出来的，只有赶跑了'八虎'，皇帝才有可能成为好皇帝，你们才有可能复出。"

马文升问："怎么才能让'八虎'离开啊？"

刘大学士微微一笑，说："我已经想出一条妙计！"



## 妙计不妙

刘健在官场摸爬滚打多年，有丰富的政治斗争经验。他的计策马上就要给朱厚照沉重的一击。

那天，朱厚照收到一份奏折，不看则可，一看胆战心惊。

这份奏折像账本一样，列举了他登基以来的种种不当行为，还第一次把矛头直接对准了"八虎"，表示再也无法容忍，必须立即杀死"八虎"，如果不照此办，就绝不罢休。

这份奏折的作者赫赫有名，就是当时的文坛领袖李梦阳。此人确实名不虚传，写作水平极高，引经据典，短短数千字就把刘瑾等人骂成了千古罪人、社会人渣。

但是朱厚照真正害怕的不是这份奏折的内容，也不是此文的作者，类似这种东西他已经看过多次，习以为常，真正让他畏惧的，是此文的落款——九卿。

六部大家都知道，而所谓九卿就是六部尚书之外，还有上都察院（弹劾、监察、建议的中央机构）最高长官、通政司最高长官（掌握奏章、申诉书的中央机构）、大理寺最高长官，共计九人，合称九卿。

这次举动是六部全体尚书和司法机构最高长官的集体弹劾，九人合力威胁皇帝答应他们的要求。

刘健毕竟是老江湖了，在看清刘瑾等人的虚实后，发动集体请愿。他也预测到皇帝年少，一定禁不住吓唬、闹腾，这种拼命的架势，必然会使他屈服。

刘健的想法是正确的，这一招把朱厚照彻底吓住了，他刚上台当领导，这帮人就集体闹事，要是不答应他们的要求，他们集体罢工的话，这么大的家谁来管理啊？

朱皇帝打算妥协了。

刘瑾等人得知消息后，吓得魂不附体，他们怎么也没想到，刘健竟然这么狠，出手就要人命。“八虎”开会商议对策，可是由于文化低、智商也不高，想了半天也没有主意，最后大家抱头痛哭。

朱皇帝的能力比刘健差多了，但他是领导，掌握一切决定权，他派出头号太监——司礼监王岳去与大臣交涉。

王太监拜见刘健、谢迁、李东阳三位内阁大臣，却看到了两种不同的意见。

他小心翼翼问内阁大臣的想法，还没等他问完，刘健就拍案而起，说：“没什么可说的，把八个奴才杀掉就是。”

谨慎的谢迁也不客气地说：“为国为民除害，只能杀了他们。”

李东阳保持沉默，但是王太监催他发言。他说：“应该严惩违法的太监。”李东阳的话听起来相当客观公正。

王太监最讨厌的人也是刘瑾，因为他预感到刘瑾不简单，将来要抢他的饭碗。自古以来抢饭碗都是非常令人憎恨的事。太监这一行当也不例外。

王太监将内阁意见呈报朱皇帝，朱皇帝认为他们太不给情面了，但是也没办法。他决定降低自己的底线，同意赶走“八虎”以换取内阁的支持，毕竟他们八人陪自己玩得辛苦，把讨好自己的人杀了，以后谁还会来讨好自己啊。

当另一个太监向内阁传达皇帝的意见时，内阁的答复简单明了：不行，必须杀掉。

朱皇帝虽然掌握大明江山，在面对此类问题时他决定还是协商为好，于是他又派去王太监谈判。

此时，“八虎”也知道情况的严重性，他们惊恐万状，主动找到内阁，表示愿意离开这里前往南京，永不干涉朝政。

但内阁压根儿不理睬他们。

“八虎”丧失了往日的威风，哭丧着脸等待命运的裁决。

刘大学士眼看计策取得实质性进展，但离最终目的只有一步之遥。他召集内阁和各部官员开会，刘大学士和谢迁、韩文等一定要杀掉“八虎”。李东阳表示没有必要杀“八虎”，只要皇帝疏远、赶走“八虎”就行。如果大家能听李东阳的话，许多官员的命运会改变，但是大家被胜利冲昏了头脑，根本听不进李东阳的建议。

当然刘健也知道让朱皇帝杀掉自己的玩伴也不是容易的，他决定请一人出来帮忙，此事必成，此人就是王岳太监。因为在与王太监的接触中，刘健明显感觉到王太监对“八虎”有成见。

这个提议正中王太监的下怀，他马上发动能说得上话的太监向朱皇帝轮番游说。

十六岁的朱皇帝被折腾得筋疲力尽，他根本不是这帮老狐狸的对手，当王太监进言时，他已经到了崩溃的边缘。

“就这样吧，把他们抓起来，我同意。”

朱皇帝妥协了。

“什么时候消灭他们？”

“今天已晚，明天吧。”

紧张一天的刘健终于放松了，因为明天所有的问题都会解决，今晚可以睡个好觉了。

这是刘健的败笔。

在那次会议上，刘瑾的卧底焦芳掌握了内阁的计划，他及时将消息告诉了刘瑾。

人被逼上绝路，什么事都会干的。刘瑾等人想，明天就会有人来抓他们，普天之下，莫非王土，逃跑是不可能。刘瑾想到了一个办法，拜会朱皇帝，世上只有朱皇帝才能救他们。

“八虎”见到朱皇帝后放声痛哭，在生死关头，他们哭得很真诚、很敬业。

突然，刘瑾擦把泪水说：“王岳与文官勾结，想把我们置于死地。”

刘瑾是聪明人，他深知朱皇帝最信任的人不是文官，而是太监，如果把王太监归于文官一伙，朱皇帝就会与他们站在一起。

朱皇帝被打动了，他本来就讨厌文官，迫于形势才屈服的。听刘瑾的话，才感觉自己是如此危险，连王岳也听文官的，那以后的日子怎么过？

“可是我又能怎么办呢？”

狡猾的刘瑾看穿了朱皇帝的心思，点明方向，说：“天下乃陛下所有，陛下所决，谁敢不从？”

朱厚照终于明白，最终的决定权始终在自己手中，做皇帝与做太子的本质区别不大，只要自己愿意，还可以玩下去。

朱皇帝当即下令，免除王太监的司礼监职务，由刘瑾接任，而东厂及宫中军务由“八虎”的谷大用和张永统领。

刘瑾充分领悟了时间的宝贵性，他没有等到天明，而是连夜抓了王岳，把他发往南京守陵。

第二天，刘健兴致勃勃地上早朝，最终看到了意料之外的答案：刘瑾等没有被搞垮，而战友王太监却丢了官。

刘健觉得实在没有面子，于是会同谢迁、李东阳请出辞职。很快，朱皇帝批准了刘健、谢迁的辞呈，但是李东阳那张却没有批准。

因为在那天晚上，卧底焦芳说李东阳与刘健意见不同，这让刘瑾产生误会，认为李东阳与他们是一伙的。这一误判，让李东阳成为刘瑾的掘墓人之一。

## 挑战权奸

北京方面打虎失败后，另一个地方接过了这个不可能完成的任务，那就是南京方面。南京和北京是两个同级的政府。南京御史薄彦徽、陆昆、蒋钦等十五人联名上书，挽留刘、谢两人，把矛头直指“八虎”，奏折中还声称掌握了刘瑾等人的犯罪证据。

南京方面声势很大，这使得刘瑾非常愤怒：老子最多在北京犯点事、贪点钱，哪里有你们南京政府的事情。他要求朱皇帝把这些家伙捉到北京廷杖。朱皇帝对刘瑾感同身受，自他继位以来，官员们一直在找自己的麻烦。

南京御史被拖到北京，每个人屁股挨了三十棍，被贬为平民。刘瑾想这回应该没事了，哪知事情的发展让他不可想象。蒋钦御史是个硬骨头，他又给朱皇帝写信，把刘瑾骂得狗血淋头，同时提醒朱皇帝，太祖皇帝（朱元璋）曾立下规矩，不许太监干政；要求皇帝杀掉贪赃枉法、无恶不作的刘太监；并说如果不信臣，就杀了他。

刘瑾暴跳如雷，朱皇帝七窍生烟，两人认为打得还不够，再赏蒋钦三十军棍，如果还没有死，就扔进锦衣卫大牢活活折磨死。

三十军棍下去，蒋钦兄弟没有死成，但只剩下半条命了。即便如此，他心里仍装着朝廷、天下，拼死写了第三封信，在信中对朱皇帝说：“我与刘太监无冤无仇，如果他无罪，我为何抛下七十岁的老爹还有没成年的孩子，不惜性命去告刘太监。我又没有精神失常。”

蒋钦得到的回复是欠揍，又“加赏”三十军棍，就这样挨了结结实

实的九十棍。这给官员们带来了极大的心理摧残。

大家谁也不敢说刘太监一句坏话，因为蒋钦兄弟就是活生生的“榜样”啊。就在这种噤若寒蝉的空气中，一位青年官员粉墨登场，代表正气与刘太监的邪气较量。此人就是王阳明。

好心人劝他：“当初闹得那么凶，不见有任何动静，现在胜负已定，你却逆风而行，是不是太傻了？”

王阳明认为：“当初那么多正义之士都在奋斗，所以多我一个不多，少我一个不少。而现在，正义之士被压迫了，必须有一个声音呼唤起他们的良知。”

此时的王阳明已相当聪明，说话绵里藏针，为了救南京的御史，他的切入点不是骂权奸刘太监，也没有替御史开罪，而是大捧朱皇帝。因为他知道决定这一切的人是朱皇帝，而刘太监不过是木偶而已。

王阳明在奏折中说：“英明的皇帝，南京御史如果说得对，您应该嘉奖，不对您也应该包容。希望您施舍仁慈，给他们官复原职。那样将万民颂您圣明，天下有福。”

王阳明上这道奏疏后，全身放松了，他去好友创建的学堂给学员讲身心之谈。

王阳明是谁？朱皇帝不认识，刘太监也不知道。他们只知道他是兵部的小官，认为此人一定与南京御史有关联，宁可错打一千，不可放过一个。

于是一道圣旨改变了王阳明的命运——廷杖四十，下锦衣卫监狱。

吏部左侍郎王华得知宝贝儿子进了锦衣卫监狱，便马上找到刘太监说情。刘太监见王华为人厚道，口碑极好，心想：让他加入自己的圈子不可能，因为这种人不会干坏事，但拉拢大臣也是需要的。于是作为对王阳明四十棍子的安抚，将王华调任南京吏部尚书，实质是明升暗降；又将贬为平民的王阳明升官，升为贵州龙场驿丞，也就是龙场招待所所长。驿丞是几品？答案是无品，这基本上是将王阳明清理出高级官员队伍了。

王阳明拖着伤口从锦衣卫监狱出来，深深地吸了一口气，“好险啊。”

王阳明，你小心点，前面等待你的将是致命的危险！

## 金蝉脱壳

王阳明从锦衣卫监狱出来后，连夜离开北京，因为他知道居心叵测的刘太监绝不会放过他。此前王岳被贬去南京，刘太监就叫人在路上杀了他。京城三百多位官员声讨刘瑾贪污，都被关进了锦衣卫大狱，有的自杀，有的被逼死，有的被发配。北京城差点成了天怒人怨的地狱。

当王阳明来到杭州，会见了朋友沈玉殷。他让沈玉殷注意京城锦衣卫来人，有风吹草动马上通知他。

王阳明去灵隐寺会见住持，这时，沈玉殷突然跑进来说："今天来了几个操北方口音的人，像是锦衣卫，正在找你。"

王阳明说："这些人是小喽啰，他们背后之人才可怕。"

沈玉殷没涉入官场，既不知道王阳明为何贬官，也不知道什么人可怕？便说："什么人呀？"

"刘瑾、刘太监。"

"啊？天下第二号人物。"

"是啊，不过你给我办两件对你有利无害的事。"

"什么事？"

"一是杀手找到我之前，你请杀手美美吃一顿；二是杀手吃好了，你把我的行踪告诉杀手。"

沈玉殷愣怔片刻，马上把头摇得如摆钟一样，说："绝对不行，你打死我，我也不答应。这是助纣为虐啊！"

王阳明说："这是在救我，你不答应也得答应。"

当天晚上，沈玉殷就请锦衣卫兄弟吃饭。锦衣卫兄弟平时吃惯了别人的名酒佳肴，拿惯了别人的东西，当然不会放弃这次到嘴的肥肉。

锦衣卫兄弟喝酒吃饭便给了王阳明逃跑的时间。王阳明机灵啊，行李也不收拾，仓皇逃出灵隐寺。留得青山在，不怕没柴烧。

王阳明越跑越远，一路跑到了钱塘江边，但危险的气息仍然盘旋左

右，他在上船前，脑海中出现了一个绝妙的主意——诈死。

王阳明把外衣和鞋子放在江边，又写下了遗书“百年臣小悲何极，夜夜江涛泣子胥……”然后王阳明坐船顺江而去。

当锦衣卫兄弟在沈玉殷的指引下，来到钱塘江边，看到王阳明的遗书，以及在江水中飘着的衣鞋，很负责地作出判断：王阳明跳江自杀。于是他们就回去光荣复命了！

而王阳明则拜别父亲，带领父亲派给自己的三名随从踏上了去龙场的道路。在那里，他将经受人生最沉重的痛苦，并最终获知那个秘密的答案。

# 第六章　龙场悟道

## 人生低谷

王阳明和仆役向着就职的地方赶去。

仆役们走着走着，感觉不对劲，好地方都走过了，现在却越走越偏，越走越远。他们心想：王公子到底去哪里上任啊？

王阳明见大伙窃窃私语，便主动向他们交底，说：“我们要去贵州龙场。”

仆役们脸色都白了。

看着仆役们犹豫不决的样子，王阳明收拾起行李，独自默默地向前而去……

夕阳西下，王阳明那孤独的身影越来越远。突然，远方传来了王阳明的大声吟诵：

客行日日万锋头，山水南来亦胜游。
布谷鸟啼村雨暗，刺桐花暝石溪幽。
蛮烟喜过青杨瘴，乡思愁经芳杜洲。
身在夜郎家万里，五云天北是神州！

虽然离家万里，何处不可往！何事不可为！

王阳明大笑着。在这振聋发聩的笑声中，仆役们点点头，收拾自己

的行李，快步上前，追赶王阳明的脚步。

王阳明的浪漫主义情怀值得赞赏，但是真正掌握决定权的是现实主义。当他来到就职之地，才真正明白什么叫龙场，龙场就是龙居住的地方。

此地位于贵州西北八十里的修文县，地处荒僻，荆棘丛生，最让人害怕的是此地有瘴气。此气比野兽还凶猛，人稍有不慎吸入就会中毒，严重者会中毒而亡。

王阳明找到了前任，那是一位老弱不堪的官员。王阳明问："你的驿卒在哪里？"

前任说："没有驿卒，就我一个人。"

王阳明急了："怎么会你一个人？按照朝廷律令规定，这里应该有驿卒的。"

"王大人，按规定这里应该是有的，可这里确实没有啊。"

看着眼前这位老人，王阳明无奈地摇摇头。

好了，王驿丞没有官服，没有下属，也没有翻译。

状元的儿子、进士出身的王阳明终于落到人生最低谷，曾经的富贵和美梦都已破灭。

前进还是退却？

王阳明当然选择前进。

王阳明卷起袖子，召集三个随从寻找木料和石块。若想在这里长住下来，必须要修建一间房子。

在砍木料的过程中，发生了意外，使王阳明从主人变成了仆人。那三个随从相继中了瘴气。瘴气也是疾病，染上后相当可怕，随时可能丢掉生命。

但是王阳明却亲身救仆役。他主动放下身段，砍柴担水，烧茶煎药，熬粥做菜，并喂给仆役们吃。王阳明又怕他们郁闷，便高声朗诵诗篇。仆役虽然对诗篇内容一知半解，但是少主人的心声，还是让他们感激涕零的。

也许是周全的照顾（即物质加精神），也许是感动了上天，三个仆役的身体竟奇迹般恢复了。

可见不管遇上多凶恶的病魔，都不能轻易放弃，只要我们充满信心、持之以恒地坚持下去，奇迹就可能出现！

## 理在心中

王阳明来到龙场后，每天都在思考相同的问题，怎样才能悟道？

他已经经历了政治上的挫折，失去了荣华，被羞辱了尊严，可以说到了山穷水尽之地。而让他意气风发、精神抖擞去拼搏的就是那颗追求圣贤之学的火热之心。

王阳明格来格去，总是找不到“理”。花园里没有，名山大川没有，南京没有，北京没有，杭州没有，贵州也没有。

此时的王阳明正好三十七岁，不再是那个风华少年。他大胆想象，想到了一个常人不敢想的办法，置之死地而后生！

只有摆脱人世间一切浮躁与诱惑，经过千锤百炼，心如止水，才能透悟天地。因为上天即将给他的并非富甲一方的财富，也不是号令天下的权势，却是这世间最为珍贵的宝物——终极智慧！

王阳明叫人做了一件石棺。他提出要悟死，时辰未到时，仆役不能惊动他。真是古今中外的奇人，正因为这种奇人才能创造出奇迹！

多少时辰？三天三夜！

王阳明躺在石棺里，仆役想过去拦阻，但是他们知道王阳明说一不二，不得影响他求学。这也是非常合理的。

王阳明就这样开始悟死……

这不就是死的滋味吗？无喜无悲，无病无痛，无忧无乐，无荣无辱，无牵无挂，一了百了，走向涅槃……

突然，王阳明感觉澄清静一，胸中“洒洒”。

那是一种境界。

仆役按照事先约定好的打开棺盖。王阳明饿了三天三夜，他的毅力让我们佩服不已。能把自己的生死置之度外，还有什么不可以完成

的事情啊？

仆役从棺材里抬出王阳明，然后将温水喂给他。一会儿，王阳明眨动了下眼睛。

“王大人！王大人！”仆役大声叫唤。

王阳明要求他们静下来，他已经接近那个答案，只有一步之遥。

他想象着自己来到草地之上，月明风清，山野俱寂，在这死一样的宁静的夜里，王阳明突然一声大笑，打破了夜间山谷的宁静，声震寰宇，久久不绝。

“存天理，去人欲。天理，人欲。

“理即心，心即理。也就是说圣贤之道全在我心中。

“求于内心的修养和完善才是对的。人性和天道之间没有什么鸿沟，而是可以融为一体的。看似抽象、复杂的天理、物理，其实就在我的心中！

“知行必须合一。”

在痛苦的道路上徘徊了十九年的王阳明，终于从“死而复生”中找到了那个秘密的答案。

原来答案就在身边，如此明了，如此简单，它从未离开过自己，只是静静地等待着自己的发现，等待着自己的醒悟！

这次悟道也发生了意外，王阳明病倒了，他患了严重的肺病，后来经郎中抢救，命保住了，却留下了病根——慢性肺炎。在以后的工作生活中，这种病症对王阳明造成了许多的困难和痛苦。

但是王阳明还是相当高兴的，他挤入圣贤的队伍，开创了新一代心学思想，他的光芒终将照耀整个世界，他的智慧将成为无数人前进的指路灯。他的名字将超过所有帝王，与孔子、孟子等并列，永垂不朽！

## 讲学风波

王阳明参悟圣贤之道，掌握了知行合一的真理，但是自己却得了肺病，经过一段时间的治疗，身体有所好转后，他就决定大干一番事业，这与所长的工作无关，而是办书院，讲解心学，启发民智，让老百姓用“知行合一”去思考、观察实际工作和生活。

在龙场办班讲学，会有人来报名吗？这里山高人稀，而且多数是苗族同胞兄弟。仆役们对此都不看好，认为不会有人来听课的，这里的人讲究的是吃饱穿暖，还有谁会听讲学啊？

王阳明说：“不管有多少人，即使只有一个人来，我也会讲学的。”

王阳明招生办学的信息传出去后，奇迹出现了，前来报名的人络绎不绝。

王阳明的招生比现在的英语、书法、考前培训班好得多，因为王阳明是义务讲学，又不收他们的钱，当时娱乐活动又不多，人们想，在家闲着也是闲着，听听王驿丞的课还可以长点知识。

王阳明出类拔萃的心学、精妙的文章、得体的书法成了远近闻名的大才子，他的名声很快超过了当地的地方官员。

贵州思州太守得知这个消息后非常不服气：一个小小的驿丞，没品没地位，又住过锦衣卫大牢，能有什么才学来讲学布道？于是打算派人去奚落、侮辱一番。

王阳明正在讲学时，一位“不速之客”冲了进来，他代表太守，口气傲慢、架势吓人、出言不逊。

面对这位不速之客，王阳明非常生气，正想用自己的点子来对付他，然而还没有等自己出手，却有人帮他搞定了，这些人就是学子们。学子们愤怒了，上前又是骂又是揍，把这个“太守使者”如驱赶猪一样赶跑了。

这一下子闹大了，太守的使者代表太守本人，你得罪了使者也就是得罪了太守，不要说小小的驿丞，就是知县，也让你“吃不了兜着走”。

贵州宪副毛科得知此事后，替王阳明捏了一把汗，他听过王阳明的课，认为王阳明是有才华有抱负的好人，好人不能吃亏。毛大人也是太守的朋友，马上从中协商，太守见毛大人求情，便提了个建议，让王阳明赔礼道歉，毕竟打了他的使者，打狗也要看主人嘛。

毛大人认为这个条件不错，立即给王驿丞写信，提议他向太守大人

赔礼道歉。

这个问题到谁手里，估计都会答应，但王阳明就是不答应："你们到这里寻事生非，还要我谢罪，有没有天理啊？不要说太守的面子，就是玉皇大帝的面子也不给。"

但此时的王阳明已非常睿智，不会鲁莽行事，而是巧妙地写了一封信就将来人打发了，让毛大人佩服之极，让太守大人也无言以对。信中写道："那位来龙场的差人确实是被当地百姓打了，因为这个人无理取闹，侮辱我们这里的人，老百姓是自发的，众怒难违，民愤的力量是强大的。我想他的这种过分行为必定不是太守大人所指使。如果不是太守大人指使的，我为什么要去谢罪啊？"

这信写得何等理直气壮，何等是非分明，何等正气凛然。精彩、精彩！阳明兄长，我服了你！

毛大人一看，服了，自愧不如啊。太守看了，也服了，又羞又惭。

王阳明因此名声大振。

毛大人相当支持王阳明办学，因为他也是王阳明的学员。1509 年，毛大人调离贵州，接替他的官员叫席书，此人比毛科还要崇拜王阳明。

席大人创办了贵州学院，请王阳明主讲。王阳明讲学的圣火燃烧起来。席大人以前学了朱熹的"先知后行"，问王阳明为什么叫"知行合一"？

王阳明表示，以前大家都认为"知行"是有先后次序的，而我认为知与行是合一的，知是行的开始，行是知的结果，两者应该统一。

席大人问道："你从哪里获得的这个真理？"

王阳明说："真理就在我心里，但是必须去事上练，只有去实践了，你才能深刻地体会这一真理。而且两者不可分，正如知行合一一样。"

席大人心悦诚服，从此以后把王阳明当成了自己的恩师。

王阳明如鱼得水，如马平川，如鸟飞天，在知行合一中快乐前进。

# 第七章　处死刘瑾

## 掘墓人

自从内阁重组后，刘瑾风光无限，他当上了头号太监，成为天下第二号人物，第一号人物则是皇帝。虽然刘瑾文化不高，能力欠缺，处理不好国家大事，但是对贪污受贿这行当却相当精明，把朝政搞得乌烟瘴气。

刘瑾虽然贪得无厌，但是也有例外，他对有真才实学之人相当欣赏，这种人不仅不用送钱送礼，刘瑾还会主动巴结，最终要为己所用。

刘瑾欣赏之人就是杨一清，其官职相当大，三边总制。他管辖的不是一个省，而是甘肃、宁夏、延绥三个地方，就连当地的巡抚也是乖乖听话，可谓位高权重。

如果能让杨一清入伙，自己的实力将进一步加固，这种风光的日子再过十年、二十年也不会消退。

杨一清来到京城述职，刘瑾等他来“拜码头”，可是等了好几天也没见身影。许多人认为杨一清得罪刘总管，凭刘总管的气量，必定给他“穿小鞋”。答案不是。其实刘瑾一点也不生气，反而更加认定此人必有真才实学。

下午有看戏活动，刘公公给杨一清传话，请他过来听戏。

杨一清非常友好地对来人说：“我爱看书，对看戏没兴趣，一看就打瞌睡，去了反而大扫刘公公的雅兴。”

看戏是当时很流行的高雅活动，你不喜欢就算了，但刘公公是“不见黄河心不死”的家伙，他决定请喝酒。杨一清是打仗行军的武将，从来没听说有不会喝酒的武将。刘公公请客，这是许多削尖了脑袋往上爬的官员做梦所盼望的，然而杨一清却非常任性，不识货。

“我没有时间，还要回去赴任。”

刘瑾有点不敢相信自己的耳朵。

虽说此人对朝廷公务看得重，轻视个人关系，这可以理解，但之后发生的一件事不仅让刘瑾兄弟伤透了心，而且愤怒指数上升到了新的位置。

根据手下锦衣卫人员的侦探，杨一清并没回三边上任，而是留在李东阳家喝酒，一喝就是一宿。李东阳虽然是内阁领导，但从来都不是和刘公公一条心的。

刘瑾很快得出一个结论，杨一清不会与自己同流合污。这个分析相当正确，杨一清非常看不起太监。

然而杨一清这个粗莽的举动马上给他带来了灾难，差点让他死无葬身之地。杨一清认为自己做事缜密，又没有犯错，在朝廷有大师哥李东阳罩着，应该不会出事情的。

但是要找一个人的毛病是相当容易的。刘瑾以“认真负责”的工作态度，很快找到了杨一清的经济问题。杨一清管工程时对工人要求相当严格。那是一个大雪天，几个建筑工人商议来商议去，因在雪天休息没有工资而拿了一些材料跑路。杨一清何等聪明之人，出了问题马上处理。线人向刘公公汇报，刘公公趁机狠狠地告了杨一清一状。

杨一清倒霉了，但是工于心计的他想到的不是保职位，而是保命，他主动提出辞职，还推荐刘瑾的头号军师、助手张彩来接替他的职位。这算是临走前拍一次马屁。

这下苦了刘瑾兄弟，文化水平不高的他想破脑袋也没有弄明白，杨一清葫芦里卖的是什么药？难道他与张彩有私交？

这一妙招让杨一清暂且躲过了眼前的灾难。

贪财对刘公公来说是小儿科，他之所以恶名远扬，就是因为他记性好，骂过他的，得罪过他的，不管过多久，他都记得清清楚楚。

一年后的某一天，刘公公喝着喝着，想起了杨一清那档不给面子的往事，他非常光火，立即派人告了杨一清，说他当三边总制时贪污军饷。这一次，一定要把这个可恶的、高傲的杨一清整死。

李东阳得知师弟又被关进了锦衣卫大牢，他主动找到刘瑾求情，当然也送上了一笔钱，刘瑾见李东阳向自己送钱，非常爽快地收下。收了钱的刘公公认为李东阳是自己人，其实这是刘瑾的个人看法，因为李东阳认为送钱就是救人，而不是加入刘瑾一伙。

走出锦衣卫大牢的杨一清深深地吸了一口气，看到前来接他的李东阳，会意地点了点头。

“你有什么打算？”

“先在京城住下，看看情况再说吧。”

“不行。你必须马上离开这里，找一个地方隐居起来。”李东阳认真地说。

杨一清点点头。

李东阳意味深长地说：“等需要你时，我自然会派人找你。”

“好啊。我去镇江隐居，时候到了，就来找我吧。”

送走了杨一清，李东阳继续留在内阁当官，他招来了无数次的误会，即使他解释也没有用，很少有人明白他的一番苦心。他在屈辱中等待、生存，这种人最值得我们敬畏！

## 最后一击

刘瑾独揽大权，天不怕，地不怕，但是却怕两种人：一是领导，即皇帝老子；二是不要命的，就是那些造反的逆贼。造反的逆贼不一定是亡命之徒，但是他的目标却非常明确，就是秀丽的大明江山。他们的目标就是大明一号、二号人物早早离开，最好是去见阎王爷。

这次造反的逆贼不是吃不饱穿不暖的老百姓，而是镇守一方的藩王——安化王朱寘鐇。朱寘鐇世代管理宁夏，在宁夏可是一方诸侯，对

老百姓来说不要说当上王爷，就是当个里长、镇长也如同做白日梦，但朱王爷却非常不满意自己这个职位：在这个地方，天天吃沙子，要钱没钱，要物没物，连水也少得可怜。

自从刘瑾提出改革军屯政策后，触动了朱王爷的利益：本来老子的日子就不好过，你还来这一下子，实在欺人太甚了。

朱王爷也不是傻子，他为造反想到一个充分的理由，并编了一个顺天下、合民心的口号：杀死刘瑾，为民除害。这下可把刘公公吓得屁滚尿流了。这位兄弟平时搞点阴谋，骗骗皇帝、欺负大臣还行，要真刀真枪去战场就不行了。

刘公公马上找来李东阳商议。李东阳听后表现得相当震惊和同情，然后告诉他，平定朱王爷造反只需一个人出马就行。

此人就是杨一清。

明代规定，军队出征都配有监军，而这次的监军就是张永。这两个人的意外组合，将提前结束刘公公的小命。

张永虽然是“八虎”之一，却脾气暴躁，又专横跋扈，有时比刘瑾还嚣张。但此人还是有良心的，他看不过刘瑾的一些做法，经常提反对意见。刘公公自然不放过他，安排他去南京养老。为此两人吵到皇帝那边，还在皇帝面前打架。大哥见自家兄弟打架，而且在自己面前打架，也太不给面子了。为了化解两位小弟的矛盾，就请他们喝杯团圆酒。

两人迫于无奈，喝了团圆酒，还说了你好我好大家好之类的话，叫几声哥们儿，流几滴小泪，表面握手告别，实则明枪暗箭，涛声依旧。

随后，杨一清、张永出征非常顺利，大军还未到达宁夏，就得胜了，因为先头部队已把朱王爷军队打得落花流水，一败涂地。

杨一清去见张永，两人谈到这次叛乱时，张永突然拍桌而起，声色俱厉地说：“都是刘瑾这个混蛋搞出来的，国家迟早毁在他手中。”

张永转过头，死死地盯着杨一清。他知道杨一清也受过刘瑾排挤，想听到杨一清对刘瑾的不满。话说到这个份上，兄弟也该表个态吧。

可是狡猾的杨一清没有说话，只是低头喝茶。初次相见，杨一清不敢表露自己的心声。

其实杨一清多虑了，但在官场混了二十多年，经验告诉他，不可轻信陌生人。然而一件事情的发生，让杨一清彻底改变了对张公公的看法。

张永进宁夏城时，从自家腰包发给每个随从一百两银子，条件只有一个，不能以任何名义拿老百姓的东西。

这事触动了杨一清，他认为张永可能确实是一个可以信任的好人。

张永拜访杨一清，手里却拿着几张告示。他把告示狠狠地甩在桌子上，径自坐了下来。

“你看看这张告示。”

杨一清拿起告示，瞥了一眼，也知道内容。这是朱王爷造反的理由，之前他看过这类告示。

“他造反都是因为刘瑾乱干涉朝政，上面列举的刘瑾的罪状没有虚构，基本属实。刘瑾这个家伙罪恶滔天！”

杨一清见机会来了，但他还是沉住气问：“张公公，你又能怎么办？”

“只要我到皇帝那边告他一状，刘瑾罪责难逃。”

“张公公，你要想清楚了。”

“难道我怕他不成？”

杨一清在宁夏和北京之间画了一条直线，向张永表示，“这里离皇帝远，而刘瑾就在皇帝身边，暂时告不倒他的。”

张永会意地点点头，迅速离开了！

其实杨一清比张公公还要恨刘瑾，但是时机未成熟时，他不会轻易表态。

时机终于来了，正德五年（1510年）七月，宁夏。

张永要回京城向皇帝汇报，杨一清给张永饯行，这是绝佳的机会。

杨一清请张永喝酒，张永当然高兴，经过这两个月的接触，俩人早已成为朋友，因为他们都有共同的敌人——刘瑾。俗话说，敌人的敌人就是朋友。

俩人喝着酒、看着戏……突然，杨一清大手一挥，其他人都退了出去。

张永见这个手势，知道有重要事情要商量，但是他装着不知道。今天是杨一清最后的机会，他十分紧张，手紧紧地握着衣襟。

“张公公，我有要事要说。”

“慢慢来，不要着急。”

“这次得到你的大力相助，平息了藩王作乱，可是朝廷的内贼才是国家的大患。”

张永当然明白大患指的是谁。他沉思了好一阵子，突然站起来说：“是时候了！”

杨一清拿了一份文书，看了让人目瞪口呆，文书列明刘瑾的所有罪状，竟然有十七条，还有各种证据，文笔流畅，逻辑清晰。

俩人在烛光下秘密商讨着行动计划……

八月十五，晴空万里。张永回到京城，皇帝朱厚照要举办晚宴，奖励凯旋的有功之臣张公公。

刘瑾文化不高，但也是聪明人，他有一种预感，这次张永回来有可能对自己不利。刘瑾采用了两招万全之策，认为自己足以制衡他：一是加派兵力，全城宵禁，看住张永的军队；二是自己陪着朱厚照，让张永没有机会说自己的坏话。

晚宴开始，朱厚照表扬张永平定反贼，夸奖刘瑾后勤工作做得到位。然后喝酒，歌舞升平。

朱厚照喝酒，刘瑾却滴酒不沾，而是看着张永。张永当作没看见，只顾低着头大吃。

宴会进入到半夜，张永情绪不错，喝了许多酒；朱厚照没尽兴，继续喝着；刘瑾则死死盯着张永，心想：先稳定局势，过两天再收拾你。

可是过了半夜刘瑾要走了，因为明天他还要为死去的哥哥送葬。而且刘瑾发现张永喝醉了，醉酒之人告状没人会信的。

刘瑾放心地离开了。张永狡黠一笑，自己的失态麻痹了刘瑾，所有勇气和智慧一瞬间都回到身上：必须马上动手。

“陛下，我有机密奏报！”

喝得七荤八素的朱厚照被这一声吓了一跳，看了一眼跪在地上的张永，打开了杨一清写的文书。

文书的罪名有谋反、私养武士、激起兵变等，哪条死得快往哪条上靠。

跪在地上的张永见朱厚照认真看文书，内心大喜，心想这几条罪一定能搞倒刘瑾。

可是他等了好久，朱厚照却将文书放在了桌边，给了一个载入史书的回答：“这些事情不要管，改天再说，喝酒吧。”

张永吓得差点爬不起来，话已说出来了，明天一定会传到刘瑾耳朵里，到时自己将死无全尸。

想到这里，他紧张地说道：“今日一别，臣可能再也见不到皇上了啊。”

“你想说什么啊？”

“刘瑾有罪！”

“什么罪？”

“要夺大明天下。”

好了，这已经够了，足以让刘瑾倒下，然而朱厚照的回答却让他绝望。

“天下让他去夺吧。”

这下完了，天下还有如此没心没肺之人。

紧张到极点的张永，终于想到一个回答，可以挽救一切。

“天下归了刘瑾，陛下去哪里啊？”

朱厚照终于被“唤醒”了，脸上第一次浮现出杀气。

“去抓他，马上就去。”

于是，权倾天下的刘瑾被捕入狱。其家里抄出白银五百多万两，奇珍异宝文人书画无数，连朱厚照也前来看热闹。

过了一天，朱厚照下令，给牢里的刘瑾送几件换洗衣服。

这是一个相当危险的信号，如果让刘瑾咸鱼翻身，张永自己就要完蛋了。

杨一清的师兄李东阳出手了，他召集六部六科、十三道御史上书弹劾刘瑾。

更为致命的是有关部门经过认真调查，在刘瑾家中发现了上千副盔甲，还在刘瑾的扇子背后找到了暗藏的兵器。这么看来，刘瑾也是杀手，随时可能刺杀皇帝，过一把荆轲的瘾。

看到那个扇子，朱厚照火了：狗奴才，真要造反啊。

朱皇帝批准处刘瑾凌迟。

刘瑾干了许多坏事，百姓骂他杀千刀的，现在终于兑现，应该还不止，因为凌迟的标准是三千多刀，刘瑾不但还本，还支付了利息。

好人有好报，恶人有恶报！

# 第八章　遇上贵人

## 治理县城

干掉了刘瑾之后，最大获利者是张永，其次是杨一清。杨一清得到朝廷的重用，开始大展拳脚。这位老兄做的第一件事不是治理军队，也不是喝酒庆贺，而是寻找被刘公公处理过的患难兄弟。不久，同病相怜的王阳明，进入他的提携视野。

王阳明马上就升官了。消息传来，王阳明兴奋不已，他终于可以回到高级官员队伍，但让人大跌眼镜的是他只升为七品芝麻官——庐陵知县。

朋友对王阳明说："朝廷也太不够意思了。"

"什么叫不够意思？"

"主犯刘瑾已惩罚，你应该官复原职啊。"

"这官职岂能自己决定？我对朝廷的决定十分满意。"说完，王阳明向北京方向深深地鞠了一躬，脸上洋溢着感激涕零的表情。

王阳明比朋友看得远，上次贬官虽然是刘公公指使，但也是当朝皇帝朱厚照下的圣旨。如今，一味指责他人对王阳明来说意义不大。此时正是王阳明的起点，在以后的六年间，他将像乘直升机一样，升为三品大员。这是官场奇迹！

正德五年（1510 年）三月十八日，万木葱郁，百花齐放。王阳明风尘仆仆地来到庐陵县走马上任。此时他心潮澎湃，挥笔写下了流芳百

世的名诗《游瑞华》：

万死投荒不拟回，生还且复荷栽培。
逢时已负三年学，治剧兼非百里才。
身可益民宁论屈，志存经国未全灰。
正愁不是中流砥，千尺狂澜岂易摧！

是啊，志未全灰，只要有益于老百姓，个人委屈又算什么呢？

朝廷虽然将一个小小的县城交给他治理，其实对官员来说，知县绝不是轻松的职业。能够当好一个知县，才有可能当好一个知州、知府，如果知县当不好，老百姓的实事、难事搞得一塌糊涂，怎么能当知州、知府啊？

庐陵县位于江西南部，为吉安府所管辖。当地老百姓得知新知县来了，一批又一批人出来，不是欢迎，而是“上访”。虽然此时的王阳明知名度不高，也没有大成就，但是“上访”人的心理特点就是相信领导。这些“上访”虽然影响庐陵县秩序，但是他们收到的结果却相当不错。知县王阳明高屋建瓴、运筹帷幄，断案如烹小菜。一批批上访人脸上写满笑容而归，而最大受益者就是王阳明本人，他的威望、名声在全县广为流传，老百姓认定他就是青天大老爷。上级领导也多次表扬他的能力、作风。

王阳明自从悟出了知行合一，就不断实践知行合一的真谛。他站在一个历史的高度，立志让自己成为北宋哲学家张载提出的至理名言那样——为天地立心，为生民立命，为往圣继绝学，为万世开太平。

正德二年，朝廷听闻江西盛产葛布，命令上缴葛布，葛布成了江西的特色品牌。而庐陵不产葛布，前任庐陵知县迫于命令，只得用银子去邻县采购，以便交差。王阳明上任后，知府大人得知他办事利索，便给他添加了三倍的葛布任务。这下可要让老百姓受苦了，因为购买葛布的银子都得从老百姓的人头抽缴。

王阳明震怒了，这哪是百姓的朝廷，与土匪强盗没有区别。如果是几年前，他会使性子，可能撂掉担子辞职不干了。可经过龙场悟道，他完全成熟了。如果他辞职了，来个张知县、赵知县、何知县上任，照葫芦画瓢，还会上交葛布。解决问题的最有效办法，就是说服上级官员，让他们放弃不切实际的任务。但是这谈何容易呢？

王阳明奋笔疾书，写了《庐陵县为乞蠲免以苏民困事》一书，派专人送吉安府和江西布政使。此书的意思就是王阳明代表全县百姓，要求全部免交葛布。

文书送过后，大家盼着上级回复，盼着归盼着，但是上级就是不回复。开始大家焦急啊，随着时间的推移，上级没有催缴葛布，也没有追究王县长的责任，也就是说默认了王阳明的观点。有时不回复也并不全是坏事。

百姓喜出望外，奔走相告。王阳明声名鹊起！

## 精明人王琼

王阳明当知县后，县城的百姓安居乐业，社会井然有序，但是取得政绩并不一定都会升官，然而王阳明却来了好运，他既取得了政绩又升了官，这羡煞了一批又一批同行。

正德五年十二月，王阳明升任南京刑部四川清吏司主事。他终于官复原职了。

官场进步的脚步想挡不一定能挡住。

次年（正德六年，1511 年）十月，王阳明升为南京吏部文选司员外郎。

不久，王阳明又升为南京刑部清吏郎中。一年多时间，王阳明连升三级，这在明朝官场也是罕见。

升官这件事除自己有能力外，还需要机遇、贵人等外在因素。

王阳明的贵人，除杨一清大哥之外，还有一个重要人物，此人在明朝也大有名气，叫王琼。

王琼是怎么样一个人？历史上争议颇大。前几天，有人问我，

王琼是佞臣还是好官？面对这个历史学家争议的棘手问题，我很认真地回答："我不知道。"但是我可以介绍王琼的所作所为，供大家评断。

王琼（1459—1532年）字德华，号晋溪，山西太原人，伯父和父亲以前也都做过大官——尚书和知州。二十六岁那年，王琼考中进士步入仕途，由工部主事的六品官，直到户部、兵部、吏部尚书。当尚书后，王琼又立特殊功勋，连进三孤（少保、少傅、少师）、三辅（太子太保、太子太傅、太子太师）。

王琼升官路上，只要能发挥作用的，不管是好官还是坏官，他都敢去结交。许多人看不起他，因为他拍马屁升上去的，而且拍贪官的马屁。但好在王琼内心装着国家、百姓，只要为国家、老百姓办好事，其他都是次要的。作家当年明月说：坏人拍马屁办坏事，好人拍马屁做好事。本人举双手赞同。

王琼是相当精明之人，担任户部尚书时，一个边防官想冒领粮草，王琼就把这位兄弟请来，用手指计算士兵人数、粮食数量，最后算到还有余粮。这把边防官算得目瞪口呆，汗流浃背。

王琼去视察漕河，看了他们提出的治理方案，非常不满意。漕运专家想，你不满意，有本事你设计一个方案出来。然而这正是王琼想的，不能再指望这帮书呆子了，只得自己动手。当王琼将自己的漕运方案摆在桌面上，专家都连连点头，佩服得五体投地。

王琼有这种惊人的本领，而他最有名气的是识人、荐人，他推荐了王阳明。一般来说，他是王阳明的贵人，是王阳明终生感谢的领导。但是我认为，王琼应该感谢王阳明，正因为王阳明的成就，让王琼成为明朝政坛上一颗不可泯灭的亮丽之星。

## 出任巡抚

王阳明的运气真好，王琼大哥又要推荐他升官，此次推荐的职位相当牛，就是威震一方的巡抚，通常来说巡抚就是一省的最高领导，而此次巡抚却比一省巡抚还要大，称南赣巡抚，管辖多省。也就是说四个巡抚也得听命于他。为官做到这个层次，也可以说为祖宗十八代争光了。

巡抚一职在明王朝出现并非偶然。朱元璋从 1380 年废除丞相制后，还把最高军事机构的大都督和最高监察机构的御史大夫废除。朱皇帝精力充沛，喜欢独揽大权，非常满意地把行政、军事、监督权抓到手中，在中央他可以做到的，在地方却心有余而力不足，如果非要办到，必须要地方行政、军事、监督长官向他汇报，这把他累倒事小，累死事大。于是，朱皇帝进行改革，在地方建立巡抚。他派出的第一个巡抚地位相当高，就是太子朱标，这也是中国历史上第一个巡抚大人。

王琼推荐王阳明当南赣巡抚，南赣巡抚可谓责任重大，南赣地区盛产特殊“产品”——土匪。而且这里的土匪十分猖獗，前任巡抚文森就是被土匪吓跑的，他给中央政府辞职书中说，土匪擅长打游击战，把官兵搞得焦头烂额，他以死谢罪的心都有了。因为王琼见过王阳明，还听过他的课，认定王阳明政治、军事才能非凡，而且比自己还有本领，南赣地区土匪猖獗，没有这种牛人是镇不住的，更让人可怕的还有一个人，就是已经对大明王朝的皇位虎视眈眈多年的宁王朱宸濠。王阳明可以对付这位兄弟。

王琼的推荐书提交上去，官员们大哗，王阳明只是龙场的小小所长，飞黄腾达了几年，怎么又要当比巡抚还大的官儿，怎么可以呢？有的官员说，王阳明写几句诗歌还可以，但是打仗不是作诗啊。更有官员说，王阳明做事没有激情，从龙场回来后是升了几级官，但只会讲那些心学。

王琼反驳说，王阳明的心学不是空谈，他要人在心上用功，存天理，灭人欲，锻造强大的内心。他确实没有带兵打过仗，但是以前多数的巡抚也没有打过仗。说到激情也是每个人的看法问题，我说你有就有，我说你没有就没有。

朱厚照对王琼非常信任，见这位王尚书胡子直抖，态度诚恳。朱厚照想了想，问王琼：“你确定此人可以吗？”

此话相当有分量，如果王阳明打了败仗，王琼本人可要负推荐责任的。

但是王琼就是这么大胆，他坚定点头说："必定可以的。"

朱厚照在龙椅上伸了个懒腰说："好吧，让他以都察院副院长的职务巡抚南赣。"

许多人都认为王阳明对这个职位非常满意，但是王阳明却做出一个令人想不到的决定，拒绝干这个巡抚。他当即给中央政府写文书，说自己不适合这个岗位。

这次王琼脸面丢大了，好心好意推荐王阳明，好心却被驴吃了。但是精明的王琼马上找到了原因，发现不是王阳明，而是自己犯了一个低级错误，原来任命时忘了后面加一句"提督军务"：巡抚手中没有军权，没有军权怎么去剿匪啊？

王琼决定再次向皇帝举荐王阳明出任巡抚。但是许多中央官员不服气啊，让王阳明巡抚南赣，还没去打仗他就不敢，真是胆小鬼一枚。反对的官员沾沾自喜，认为自己对王阳明的分析印证了以前的意见。

狡猾的王琼当然不会对皇帝说，他没有军权不愿去。他说："皇上，王阳明是在谦虚啊，谦虚之人稳重，这样才能成事啊。"

朱厚照也是实在人，说："那就再下道圣旨，叫他不必谦虚了，马上去江西上任！"

王琼马上请求，希望皇上给他便宜行事的权力。

"准了！"

王阳明此时正在杭州休养身体，自从患上肺疾之后，汤药吃了好多了，但每年总要复发两三次。他现在的身体行军打仗确实有点勉强。虽然自己现在内心强烈的愿望是为国建功立业，但也怕健康问题耽误了大事。思前想后，他向皇帝表示，自己身体有病，怕挑不起重担，希望皇上另派贤能去。

王阳明请呈文书上报北京，最不开心的是朱厚照：老子决定的事从来没有人讨价还价，这个王阳明是不是欠揍。正要发火之时，消防队员王琼马上来扑火。他说："刘备三请诸葛亮，皇上像当年的刘备啊，就再发道圣旨吧。”见把自己比作刘皇叔，朱厚照当然开心，刘备是正义的化身，在历史上名声相当好。

朱厚照耐着性子，发出第三道圣旨：如今南赣盗贼遍地，百姓倒悬于水火。你要带病工作，不许辞职，不许推脱。赶紧去上任。钦此！

王琼马上给王阳明写了私信：“你马上去上任吧，这是你替百姓服务、发挥才能的最佳机会。”

“存天理去人欲”，“去人欲”的目的就是让人心存天理，有真理在心，就不会对任何荣辱动心。

王阳明几次婉拒，说明他并不贪图官职。他要去上任，为百姓打盗贼，也是他一生追求的目标之一。

王阳明见上任之事已瓜熟蒂落，便带着仆役去江西赴任了。

# 第九章　智斗匪贼

## 空 城 计

虽然剿匪任务艰巨，但是王阳明并不畏惧困难，他带领仆役风尘仆仆地出发了。一路上日夜兼行，直奔江西。

一日，王阳明进入万安，万安离赣州近在咫尺，位于赣江上游，为赣江十八滩之一，有“惶恐滩”之称。此处，山势险要、江流湍急。文天祥老先生的诗句“惶恐滩头说惶恐，零丁洋里叹零丁”，诗中的“惶恐滩”就是指这里。

王阳明坐在船舱毫无雅兴欣赏两岸的美景，他认真地思考着剿匪计划。这时有仆役匆忙进来报告，数百条船的水盗正在前面沿途抢劫，向这边而来，其势态汹汹，许多商船纷纷调头逃窜。

大家一听，都吓坏了。这次，王大人只带了三四十个人，怎么能打得过数百条船的水盗。虽说离赣州很近，但毕竟还没到，巡抚和提督军务之位还没有接替。面对强悍的匪贼，若贸然进攻，无异于以卵击石；逃跑嘛，太丢脸了，以后如何服众?

“王大人，您赶紧想想办法吧！”

王阳明说：“不急不急，本官自有妙计。”

王阳明的计策非常绝妙，他打算用真真假假的方式对付水盗，给水盗一个措手不及。这将是王阳明打胜的第一场剿匪之战，并可在官兵中树立非常高的威望!

王阳明通知正在逃窜的商船，让他们隐去商品，扮作战船。商人开始不理解：我们船里都是商品，不能打仗的。

王阳明告诉他们：“本官就是剿匪的巡抚，你们必须听从本官调遣。你们不听指挥、擅自行动，一切后果自负。”

商人听说是巡抚大人，兴奋起来，这是比巡抚还大的官员，不信他还能信谁啊。

当所有的商船扮成战船，王阳明的官船也竖起了巡抚大旗，迎风招展。他又让官兵们手持兵器，排成阵势，站在船沿！

在战鼓齐鸣声中，王阳明身披战袍，站立船头，威风凛凛……

水盗们出来抢劫，刚得手几条商船，见前面迎来一群官船。这是哪里杀出来的官兵队伍？难道是官府未卜先知？还是自己内部有卧底？

水盗之中有个小喽啰叫阿五，懂得计谋，有半个军师的水平。他见立功的机会来了，便向头领说：“这支官兵来得太突然了，我认为是虚张声势。”

头领犹豫一阵，说：“那你去侦察一下。”

阿五吓了一跳，怪自己多嘴，很想抽自己的嘴巴，可世上从来没有后悔药。侦察是高风险岗位，万一不小心被发现，那可不是闹着玩的，不是丢命，就是牢底坐穿。

头领见阿五犹豫，便表态：“立了功大大有赏。”

阿五笑着领命了。

阿五扮成流民出去打探消息，按说打探消息就打探消息，可是阿五这个人有二杆子精神，他要见官兵的最高领导。

当阿五以逃难的农民身份见到王阳明后，开始一把鼻涕一把眼泪地向他诉苦。

王阳明只问了一句话，就确定此人并非良民，而是土匪派来的奸细。

“你说了这么多苦，那你几天没有吃饭了？”

阿五说：“三天”。

说谎从来不打草稿的阿五这次露出了尾巴。

此人精神饱满、行动敏捷，分明是吃得好、睡得好、精神好的那种，哪里有一点饿过的样子啊？

王阳明果断出手，将此人拉出去宰了，并将人头示众。

水盗们见船头挂着阿五血淋淋的人头，胆小的吓得魂不附体，胆大的也目瞪口呆，作鸟散状，打不过就逃，这是几千年来盗匪不变的“真理”。

王阳明艺高胆大，带着手下数十人登岸，大家都替他捏了一把汗。数百还没有逃跑的水盗见到官军人数也不多，他们胆子大起来：“你们官府要我们的命，我们就来个鱼死网破。”有些人开始慢慢包围过来。

王阳明大喝一声：“你们这帮水盗，见到巡抚大人，还不行礼！”

听到洪亮的声音，胆小的水盗扔了刀枪，先跪倒在地，胆大的水盗，本来想欺负这批人单势薄的官兵，但是见大家跪下，也跟着跪了下来。

有的水盗趴在地上向王阳明诉苦：“巡抚大人，我们本不是水盗，只因饥荒连年，要安家糊口，出来弄点吃的，求大人饶过我们。”

王阳明宣告：“江西灾情，本官已知情，下一步将安排赈济。念你们被生活所迫，又是初犯（信他们一次），暂不追究。回去之后，好好谋生，不得胡作非为，如再犯，本官绝不饶恕！”

水盗一听，连忙拜谢不杀之恩，然后一哄而散。

## 新官上任几把火

剿匪巡抚王阳明到达南赣上任后，并没有马上派兵去剿匪。这让匪首詹师富、谢志珊认为王巡抚雷声大雨点小，是个胆小鬼，实力、魄力远不如前任。当然即使能力、水平与前任伯仲，也不管用啊，还是被他们追着打啊，他窝在官府里能有什么作为？

王阳明之所以没有立即向土匪进攻，是因为他要做准备工作。

王阳明做的第一件事就是训练民兵。要与土匪打仗，需要真刀真枪，没有过硬的本领上不了战场。王阳明要求严格训练战士，很多时候他会亲自站在操场上，汗流满面地对士兵进行指导。他要训练一支能打善战的军队。

手下问：“王大人，你手握兵权，为什么不去调集狼兵？”

“暂且不调。”

所谓狼兵，就是地方统养的精壮士兵。这些士兵虽然作战勇猛，但他们离此地甚远，往返要一年，耗时耗银，而且土匪知道后，会逃之夭夭，分散潜入山林中，这样就更难消灭了。

王阳明不调狼兵，不是不剿匪，而是为了更好地剿匪。他命令江西、福建、广东、湖广的兵备，在所属的捕快、弩手中挑选骁勇绝群、胆力出众者，要的是精英，每县一般八九人，最多十多人，如果挑不出精英，绝不得滥竽充数。王阳明自有补救办法，那就是公开招募，县衙没有，民间还是有的。

经过王阳明几个月的努力，一支两千多人的精兵队伍组建完成。

王阳明虽然有了自己的部队，但又遇上一个更大的难题：军饷在哪里？他是接到了朝廷命令，但朝廷并没给军饷，官府又没有白银，赣南地区连年灾荒，老百姓哪里受得起重负？怎么办？士兵要吃饭穿衣，总不能指望他们是钢铁战士吧！

聪明绝顶的王阳明很快有了办法，向一种人求助，这种人有的是钱财，他们就是盐商。

盐商在明朝是富得冒油的行业。每逢灾年，百姓处于水深火热之中，而盐商依然明月清风，日子过得相当滋润。你可以不吃瓜子、水果，但不能不吃盐。

盐商中有不少奸商，他们作弊、以次充好，屡教不改。王阳明查到了他们有不义之财，什么越境私贩盐，以及用瞒天过海的方式逃税漏税。

王阳明喜欢翻档案。以前剿匪官兵总是失败，这是什么原因啊？难道官兵真的打不过土匪吗？不是的，他从以往剿匪档案中发现一个关键原因，每次官兵剿匪，总是被土匪伏击，狼狈而归，这说明土匪掌握了官兵的行踪。官兵里应该有土匪的卧底，必须找出卧底。

王阳明下令明天早上进攻漳南的詹师富，要求官兵晚上不得离开官府。但是这里的官兵已习惯成自然，出征前一般都会见老婆孩子一面，嘱咐些事情。这次有四五个官兵当天夜里悄悄离开了官府。王阳明将这几个人的名字记录下来。

第二天，官兵等到中午，也没去剿匪。

王阳明把这几人叫进来，当然还把他们的家人也请了过来，问他们谁是卧底？

在王阳明的软硬兼施之下，卧底终被找出。

## 沉痛的教训

王阳明将首战选在漳南，此处的匪首叫詹师富。詹师富凶狠残暴、老奸巨猾，气焰相当嚣张。他当了十多年的匪首，天不怕、地不怕，手中有一支敢于玩命的队伍。

有人对詹师富说："王阳明剿匪从漳南开始。"

詹师富说："王阳明有什么好怕的，不就是那个整日讲学论道的书生吗？他会用兵吗？历来与官兵交战，我们都是旗开得胜。"

其实詹师富每天待在山坳里，真的对王阳明不了解，虽然王阳明没有三头六臂，但他从小爱读兵书，善用计谋。

詹师富不知道官府的计划，但他也作了周密的部署。

王阳明选詹师富为首战对象，是有深层次的考虑的：一是詹师富气焰嚣张，如果能将他打败，就是打开缺口；二是由漳南的地形决定的，此处虽险象环生，易守难攻，但是比较孤立，不像其他匪窝，毗连一起，前后呼应。

而王阳明的这个决定无疑是非常正确的。

正月十六，备战紧锣密鼓进行，王阳明发出几道军令：一是命广东、福建后备火速派兵过来合围；二是自己亲自带兵向漳南进发。

王阳明挑选的先头部队的指挥官是谭桓、纪镛。谭桓、纪镛是基层领导，平时工作积极、主动，战场不畏生死，这些都是王阳明看好的，只要能按照自己的计划向前推进，胜利就在前面。

谭桓、纪镛依照王阳明的计策，派出十个小兵大摇大摆地引诱土匪。土匪见来了十多个官兵，手脚发痒了，非要“吃掉”这批官兵。然而世事难料啊！

土匪果然上当，进入了伏击圈，谭桓、纪镛命令官兵冲锋杀敌。

在官兵的砍杀声中，土匪们死去的倒下，活着的哭爹喊娘，四处逃窜，狼狈不堪。

纪镛见好就收，要求军队打扫战场。谭桓却认为既然已打胜仗，为何不再接再厉，取得更好成绩，向总指挥王阳明、向朝廷交出优秀的答卷？

谭桓兄弟忘了一句名言：穷寇勿追。

纪镛没有忘记王阳明的嘱咐，但是经不住谭桓兄弟的鼓动：土匪失败了，煮熟的鸭子怎么可以让它飞掉呢？

谭桓、纪镛身先士卒，带着官兵一路追下去，这是他们犯的一生中最大的错误，也是最后一次错误。

詹师富见手下中计，气急败坏，马上率队在路边设伏，见官兵果然进入包围圈，他亲率喽啰，向谭桓、纪镛的追兵砍杀。一场厮杀，谭桓、纪镛双双被乱箭射死。官兵大乱，死伤无数，一些官兵逃了回去。

服从命令是军人的天职，自作聪明、不服从命令者会为此付出沉痛的代价！

## 声东击西

官兵打了败仗，死了两位主将。王阳明铁青着脸，非常生气。可生气也没有用啊，不听话的两位将领不用听话了，去阎王爷那边报到了。

王阳明坐在议事的军帐中，问众将：“我们为什么会失败？下一步该怎么办？”

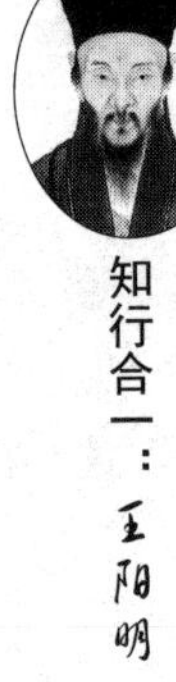


诸位将领你一语我一言，一片聒噪之声！

有人说："我们低估了土匪的实力，他们兵强马壮，又熟悉地形，优势很多。"

有人说："对付这批土匪，我们这些官兵是不行的，只有狼兵才可以打败他们。"

有人说："现在出师不利，待秋后集中兵力再进山剿匪。"

王阳明轻轻咳嗽几声，军帐里鸦雀无声。

王阳明开口了："我们兵力少吗？不少了，有两千多名精兵啊。"

"要不要去调狼兵？"

"暂时不行。日久路遥不合宜。"

"这次受挫实在不该啊，战前我的计策就是出其不意，攻其不备，要用三国邓艾破蜀之妙计。谭桓、纪镛两位将领却小胜而忘乎所以，自古以来骄兵必败！"

"这次虽受挫，但我们不能气馁。兵贵神速、兵贵士气，利在速战啊。"

众将连连点头，一场硬仗即将开始。

然而王阳明的下一个军令却让众将感觉云里雾里。军令让他们抽调一些官兵大张旗鼓地走着撤回去。这是怎么回事？刚才还信誓旦旦与土匪决一死战，现在却让一些官兵撤回去。当然众将想破脑袋也不知道答案。

这次剿匪好像"牵着骆驼穿针眼"，难度可想而知。计谋是战争中最有效的制敌办法，没有计谋要消灭这帮土匪难于登天。

王阳明的计谋就是土匪认为官兵打败仗逃回去了。

然而大头领詹师富可是老江湖，懂得权谋，他将山寨治理得井井有条。当他得知官兵闻风丧胆的消息后，将信将疑。但是二当家温火烧一批手下，却要求大摆酒席，庆祝胜利。

詹头领派去探子打探消息。探子回来说："传言是真的，官兵都回去了，一路上见不到官兵。"

路上见不到官兵，说不定官兵隐藏起来了。

詹头领说：“有没有发现异常情况？”

探子说：“没有可疑情况，我遇上的村民也印证了这个消息。”

詹头领将信将疑：官兵也太孬种了，打了场败仗就吓成这样？还说是从各县抽出的精兵，经过了严格训练，难道这一切都是在吹牛吗？

正在詹师富将信将疑之际，王阳明派出了他的老吏，让詹头领有百分之百中计的理由。因为老吏以前给詹头领送过十次情报，准确率百分之百。王阳明上任后，将其“挖”了出来，让他成了双面间谍。

老吏绘声绘色地讲述官兵如何狼狈不堪，如何伤心难过，又如何贪生怕死。

詹头领得出一个结论：王阳明是个胆小鬼，从此以后，我可以高枕无忧了。

送走了老吏，二当家温火烧又请示摆酒庆功，詹头领当即答应……

拂晓时分，忽然门外人声大哗，詹头领大骂这批手下不懂事，惊醒了他的好梦，可是没有人理他。此时官兵攻进了山寨，部下几乎个个烂醉如泥。

詹头领毕竟是老大，带领还能打仗的喽啰退至山顶，在险要处守着，然后命令手下滚木飞石侍候，玩起了老把戏，以死抗战！他心想：被你们抓住也是死，还不如抵抗到死，或许还有一丝希望！

战斗从清晨打到晌午，土匪虽然死伤无数，但官军就是攻不下山顶。

正在僵持不下之时，福建兵备、广东兵备率领的部队赶到，加入战斗。詹头领等人寡不敌众，詹头领当场被砍死，喽啰一哄而散，各自逃命。此次作战，官军歼灭土匪两千多人！

告捷之后，王阳明向朝廷飞报奏捷，参战有功之人一一奏明。

而此时王阳明考虑的却是一个更加重要的问题：要想此处千秋后代安宁稳定，就不能再出詹师富这种土匪之类的人物。

于是，他向朝廷建议，此处应该设县，县名他也想好了，就叫平和县，由县衙管辖这个地段。在剿匪中是打了胜仗，但更要保护来之不易

的胜利果实。

见王阳明立了大功，朝廷上下当然非常支持他，首辅杨廷和也是一心替朝廷做事的大臣，他非常认可此建议。可最高兴的大臣不是杨廷和，而是王琼王尚书，他自己感觉非常有面子。

何为忠臣？就是替皇帝解决土匪问题，而且防患未然。王阳明做到了，成为忠臣的榜样，值得大臣们学习！

# 第十章 退“征南王”

## 暗度陈仓

王阳明剿灭詹师富后，南赣地区大小土匪受到震慑。

王阳明把握住这次机会，给山上一位大哥级人物写信，要求归顺朝廷，不然就聚集朝廷之力进攻。只要这位兄弟答应投降，剿匪任务将完成一半。这位匪首就是谢志珊，在南赣地区无人不知，无人不晓，其知名度不亚于当地的巡抚和知府，江湖人称“征南王”。

谢志珊自小读过很多书，酷爱兵法，武艺超群，是一位能文能武的山大王，他性格豪爽，极易获得他人信任。除此之外，他对管理也非常有一套，将山寨管理得井然有序。聪明绝顶的他面对王阳明的软硬兼施之计，既没有发怒，也没有妥协，而是平平淡淡地回信说：“容我考虑下。”

王阳明就这样碰上了一根软钉子，谢志珊不仅没有投降，反而找到一个帮手陈曰能。陈曰能可不是一般的山大王，他不仅有魄力，而且非常嚣张，当然主要是他有嚣张的资本：他管辖的大庾岭比詹师富的象湖山安全一百倍。

大庾岭山寨遍地荆棘，四周悬崖峭壁，只有一条可以通行的山路。陈曰能派出最强悍的山贼守卫山路，可以说“一夫当关，万夫莫开”。

陈曰能倚仗这种独特的地利，认为天下没人能动他。如果让他与王阳明谈心沟通，那么王大人会告诉他，人生在世，唯一可以倚仗的

是自己。靠山山会倒，靠河河会枯，你想倚仗什么，那个“什么”会最终让你失望。

王阳明相信，即使最聪明的人，也会犯错。

而陈曰能相当小心，他认为自己如此小心翼翼，根本不会犯错。

那天中午，大庾岭山上来了三四个自称强盗的人，要求见“大英雄”陈头领。陈头领不想见强盗，虽说自己是强盗，但他对强盗实在没好感。

可是报信的喽啰说，这批强盗是慕名而来，而且带了两件宝贝。

什么宝贝？听到宝贝，陈头领莫名其妙地兴奋起来。

一是抢来的一包银子；二是王阳明手下部将的头颅。

一般的土匪都不会接受这些强盗，这些人杀害官兵，官兵一定要严查的，这是一个烫手山芋。

但是听到“银子”两字的陈头领，马上变得“艺高人胆大”起来，正是这种过分自信，让他最终见了阎王爷。

陈头领亲自接见了这三个强盗，还对他们进行了一番仔细盘查，确定他们是真心投靠（自己的个人判断），然后摆酒祝贺。

第三天午夜，陈头领睡得正香，突然被一阵吵闹声惊醒，原来山寨多处房屋着火。陈头领骂骂咧咧冲来，带着喽啰们拼命扑火，正在此时，王阳明的官兵悄无声息地冲杀进了山寨，这把土匪兄弟吓蒙了，他们拼命地抵抗着……

此时一位喽啰过来喊大哥，心细的陈头领趁着火光看清来人，此人正是之前投降的那一位，陈头领感觉这位兄弟够意思，他正要鼓足勇气大战官兵，这个喽啰也太“阴”了，嘴上喊着大哥，背后却向陈头领尖刀刺来。陈头领的背上虽没长眼，但他明显感觉不妙，想躲却来不及了。临死前，陈头领睁大眼睛，才明白自己中计了，这批人原来是佯降。可是一切已晚，陈头领带着满腔的愤怒、遗憾离开了这个世界！

## 以其人之道还治其人之身

王阳明消灭了陈曰能队伍的消息让山大王谢志珊非常吃惊。他想：

王阳明这样剿下去，迟早要剿到自己头上。

投降是根本不可能的，谢志珊和众头领早已习惯抢盗这种勾当，让他们过平淡的生活，重新做人，比死还难啊。

面对王阳明咄咄逼人的架势，谢志珊决定打破王大人的如意算盘，他给南赣头领兄弟们写信说，王阳明非常厉害，与其在山里坐以待毙，不如主动出击，给王阳明点颜色，让他知难而退，这样才能保住地盘。这是一条相当阴毒的计策。

谢志珊的提议马上得到了桶冈蓝天凤、乐昌高快马的鼎力支持，他们商议组成一支联合部队进攻赣州的邻县南康，攻下南康后再打赣州，端了王阳明的老窝。黄金巢武装、卢珂武装也回信响应，当然只是精神上的，兄弟们也有困难，实在派不出人手。谢志珊知道黄金巢、卢珂是墙头草，就当精神支持、心灵安慰吧。

谢志珊要实行“农村包围城市”的策略，他是位敢说敢做的主，因为有这种实力。谢志珊带领一千多人向南安城发动了一场轰轰烈烈的进攻战，蓝天凤见谢志珊带头，他也集中数倍人马前来助威。两军会合，将南安城围得水泄不通。

王阳明派人送信，要求南安城官兵借助坚固的城墙，死守城池，援军将尽快到达。谢志珊此次出征用了特殊的工具，就是吕公车，这种车又大又重，在山路行走极不方便，攻打城池也没有多大作用。难道谢志珊犯傻了？当然不是，这正是谢志珊的高明之处，他打县城并不是要进城当县长，而是要制造声势浩大的场面，这就是所谓的敲山震虎，意在提醒王阳明不要在太岁头上动土。

王阳明的支援军队到达之时，聪明的谢志珊见好就收，带队主动退回了老窝。

谢志珊认为联络各路头领，形成合力，进而给王阳明带来压力，让他识相点，然而他错了，前面等待他的困难才刚刚开始。

王巡抚认为谢志珊的点子非常管用，决定借来一用。他亲自动笔，给土匪写了一封信，主题为《告谕浰头巢贼》，大概的意思是：天下最大之耻辱，莫过于被人称为盗贼；人心共同之愤怒，莫过于身遭盗贼之劫掠。如果有人骂你们为盗贼，你们一定会愤然而怒。如果有人烧你们

房屋，劫你们财产，掳你们妻女，你们必定恨之入骨，宁死必报。而现在正是你们这样做了，天下人岂不愤怒啊？人与人之间的心没有多大区别啊？

此信观点明确，论据充分，切中要害，语重心长，对土匪的杀伤力比动用一千名官兵还强。

“也许你们有不得已的苦衷，如为官府所迫，或者被大户所侵，一时打错念头，误入其中。但现在你们在错误的道路上越走越远，你们做了老百姓不齿的坏事，这是要遭报应的。”

“现在我给你们一条生路，你们若改邪归正，既往不咎，可以重新做人；若冥顽不化，不要怪我兴兵讨之，这不光是朝廷要剿杀你们，也是上天要消灭你们。”

王阳明担心这些话作用不够，于是他还说：“我南调两广之狼兵，西调湖、湘之兵，我将亲率大军剿你们，一年不尽剿两年，两年不尽剿三年，三年嘛，不用剿也能把你们活活饿死。”

王阳明这一招“以其人之道还治其人之身”太厉害了。张贴、散发公开信后，土匪都得知了这个情况。他们许多人本来就是良民，被生活所逼才走上这条绝路。于是众多土匪人心浮动，打算归降。

谢志珊面对比他聪明得多的王阳明，也使了狠招，他向众人发话：“从今天开始，哪个兄弟谈投降之事，先斩后报。”谢志珊的山寨勉强稳住了。

黄金巢、卢珂当初是被迫进山当土匪的，他们想了想，自己与其战死，不如求生，这么好的机会来了，于是主动派人向王阳明说要投降。王阳明也大方，当即给了一封赦免书。

就这样，王阳明不费吹灰之力，把两地的匪巢平定。

## 端掉老巢

谢志珊得知软骨头黄金巢、卢珂叛变投降，非常生气，当然他不是生黄金巢、卢珂的气，而是怒在王阳明：王阳明太狡猾了，除了打仗外，做思想工作也这么出色，以后怎么会有好日子过呢？

谢志珊自幼好强，逞凶霸道，但是此人非常讲义气。他犯案出事后，带着弟兄们逃到横水，建立起了自己的根据地。官府多次围剿，谢志珊运用特殊战术将官兵打得有去无回，这个战术在今天也赫赫有名，叫游击战。也是此时，他被道上兄弟称为“征南王”。

面对强大的官兵，谢志珊要去结交蓝天凤，如果与蓝天凤联盟，进行前后策应，那官兵要战胜他们几乎是不可能的。这种抱团取暖的想法应该说是正确的，却遭到了二当家的反对。

蓝天凤做山贼比谢志珊还早，此人有勇有谋，抢劫生意做得风生水起，他的老巢左溪、桶冈离横水很近。

谢志珊出门前，二当家说：“大家都是土匪，你不怕他来个‘黑吃黑’吗？”

谢志珊说：“蓝天凤此人不会干这种傻事，因为他知道我有数千名兄弟。”

谢志珊来到左溪，蓝天凤非常热情地招待了他，两人面对相同的敌人，相谈甚欢。

谢志珊提出和蓝天凤合并。如果自己来当老大，蓝天凤当然不会同意；如果让蓝天凤当老大，自己内心也不会同意。但内心不同意并不代表表面不同意。

狡猾的谢志珊提议让蓝天凤来坐大，自己当助手。蓝天凤年纪有点大，知道即将面对的是一场恶战，感觉有点力不从心，这种艰巨的任务由谢志珊来承担吧，毕竟他的游击战术曾令官兵闻风丧胆。

蓝天凤说：“你来当老大吧，我协助你。”

谢志珊非常满意，最终自己当上了带头大哥。具体来讲，就是带头攻打官兵，蓝天凤将成为配合力量，与自己一起反围攻。

“只要与蓝天凤联手，王阳明，我不怕你！”

此时王阳明虽然取得了胜利，但日子却不好过，有人在背后射了暗箭，说王阳明骄傲自满，应该给他配一个监军。此人叫毕真，一个太监，是江西镇守太监。王阳明对毕监军没有一点好感，带兵剿匪从来不

与他打招呼。不打招呼也没有不妥，王阳明是四省提督，而毕监军只是江西镇守太监。

毕监军见王阳明从不请他商议军务，把他当成空气一样，很是恼火。毕太监虽然身体不全，但是志向是丰满的，他要当上南赣地区军队的监军，到时候什么事情都要让王阳明向他汇报，未经他批准，王阳明休想动用一兵一卒。

毕太监通过宫中大太监钱宁向朱厚照皇帝汇报，一直以来朱厚照非常信任钱太监，只要钱太监出面，没有办不成的事情，但是这次却没有成功。原因简单，王阳明得知信息后，连忙给王琼写信。王琼是明白人，王阳明真心为朝廷办事，而且只有他才能将剿匪任务完成，如果配一位监军，反而锁住了他的手脚，因此提前向朱皇帝说明利害关系。

王阳明将精力集中在剿灭谢志珊一伙，但是他发现了一个重大问题，谢、蓝联手后，他若去攻谢，蓝将派兵来救；若去攻蓝，谢将派兵来救。

官员们面对这个棘手问题，苦思冥想也没有法子。但是王阳明告诉他们，他有点子，点子相当简单。

王阳明说："同时向两边开火！"

"这是什么点子？我们兵力不足啊。"

"同时进攻，一实一虚，一真一假。"

让这些土匪丈二和尚摸不着头脑。高招啊，真高！

谢志珊、蓝天凤都收到了书面剿匪通知书。谢志珊要求横水兄弟做好迎战的准备。蓝天凤也通知手下准备战斗。

但是官兵只围不攻，这让土匪想破脑袋都想不明白是为什么，因为围而不攻，对官兵非常不利。土匪山上有粮食，吃上一年半载不成问题，而官兵仅带了十天半月的粮食，如果不速战速决，那将很难取得胜利。

横水自从被围后，作为两地头领的谢志珊担心左溪、桶冈的战况，如果左溪、桶冈失守，那么横水就很难保，因为两地一衣带水。

十天以来，官兵只在山门外骂阵，并没有攻打。细心的谢志珊派人多番侦查，发现一个问题，这批围攻骂阵的官兵都是老弱病残之人。他马上得出一个结论，官兵的主力在攻打左溪、桶冈山寨。

理论上是这样的，但是事实远非如此。

谢志珊要派兵支援左溪、桶冈，他将为自己的鲁莽决定付出惨重代价。

谢志珊带着喽啰们冲下山寨，打败了那些骂阵的官兵，可是这些逃跑的官兵边逃边骂，嘴巴如女人一样碎，这激起了谢志珊的杀气：从来只有老子骂人打人，你们今天竟然骂得这样难听，要解心头之恨，就得送你们去西天。当谢志珊追击出去一千多米时，左右冲出两支军队，谢志珊想撤回，身后却又冲出另两支军队。

“啊呀，上当了，狡猾的王阳明……”

谢志珊部队被围攻，喽啰们一个个倒下，他想杀回山寨已不可能。其实此时，山寨已被官兵攻下，守在山寨的二当家跳崖自尽。

谢志珊见大势已去，带领身边的残兵败将逃往左溪，蓝天凤毕竟也是兄弟，自己虽说是老大，却把地盘弄丢了，实在没有颜面见蓝天凤，但是不去左溪又能去哪里啊？

打仗从另一个方面来说，可以说是智慧的较量，胜利往往属于那些有智慧的军事家。

## 情义也会害死人

谢志珊带着残兵败将逃到左溪山寨前，见大门不开，谢志珊吓了一跳，蓝天凤虽说是结拜兄弟，但此时难道翻脸不认人了？正当谢志珊的兄弟骂骂咧咧之时，山门打开了，蓝天凤亲自出来相迎。自从与王阳明开战后，蓝天凤规定未经他允许不得开门，这让谢志珊产生了误会。

蓝天凤请谢志珊喝酒，问他下一步怎么办？

谢志珊说：“王阳明其实并不厉害，只是会使诡计而已。”

蓝天凤有点火了：“王阳明不厉害，怎么会把詹师富、陈曰能轻易搞定？攻占你的地盘，还收服了黄金巢、卢珂？”

谢志珊恼了，说："你这是灭自家威风，长他人志气。"

蓝天凤说："我没有这个意思。大庾岭、横水都是一夫当关、万夫莫开之地，竟然都被他一日之内攻破。哎，这个人实在太厉害了。"

谢志珊说："我有办法，只要我们守在山寨不出兵，任凭他要什么花招也没有用。当他粮食用尽时，自然会撤兵。"

"这不行？"

"为什么啊？"

"我们今晚离开左溪。"

"难道要去袭击王阳明的官兵？"

"不是的，我们去桶冈。"

当天晚上，蓝天凤和谢志珊带着队伍来到桶冈。桶冈才是蓝天凤的真正老巢，主要有两大优势。第一大优势是难攻：四周绝壁，中盘百余里，山峰高耸入云，深林绝谷，不见日月。第二大优势是可以通过种植农作物实现自给自足：此地适合种植番薯、芋艿。

谢志珊进入桶冈后，底气十足，这里住上几年也饿不死，只要不中王阳明的诡计，后半辈子都可以在这里度过了。

王阳明可以说是智慧的化身，你说自己不中计就不中计了吗？有这么简单吗？

王阳明带着军队来到桶冈山寨前，眺望桶冈大山，他不禁赞叹：真是个鬼斧神工的山贼老巢啊！

有人说，未经允许，进入桶冈山寨就如登天。但王阳明不这样认为，有人可以上去，军队就可以上去。他从附近山民那里了解到，桶冈虽是"铁桶"，但也有出入口，而且不少，有五处：锁匙龙、葫芦洞、茶坑、十八磊、新地。不过这五处全是狭窄的险道，只要上面放一排滚石，一个人就能守住。

王阳明知道进攻五处入口，自己手中兵力不足。于是，他调遣湖广、广东部队来这里集合。在桶冈山下驻寨相当危险，如果山贼夜袭，后果将不堪设想。撤兵更不行，若这样做，之前夺取的横水、左溪的匪患就会"死灰复燃"。

王阳明决定故伎重施，他写了一封热情洋溢的劝降信，派人送给蓝天凤，告诉他三天之内投降，不然农历十一月十一日来攻打。

这是一箭三雕之计。一是稳住蓝天凤，让他不要轻举妄动。二是对蓝天凤展开心理战。三是十一月十一日攻打是忽悠人，实则在为真正的战斗创造条件。

王阳明的劝降信如同炸弹，在山寨掀起波浪，许多兄弟都动了心，寨主蓝天凤就是其中一位。

谢志珊看出了不妙的苗头，马上对蓝寨主说："这是王阳明的缓兵之计，我们应该趁其立足不稳，偷袭他。"

蓝寨主说："兄弟，前几天你还说闭门不出，现在怎么又要开门攻打了？横水丢失的教训别忘了。"

谢志珊只是冷笑。

蓝天凤不是个轻易投降的主，桶冈如铜墙铁壁，无数剿匪将领在桶冈面前"望山兴叹"。

此时手下进来报告："黄金巢、卢珂被招抚后，黄金巢回家做生意去了，而卢珂在王阳明部队当了指挥官。"

蓝天凤见谢志珊脸色难看，他是讲情义之人，如果投降了，谢志珊怎么办？实在对不起这位结义的兄弟。当然他是有资本与王阳明周旋一阵子的。

蓝天凤马上高声说："卢珂这个叛徒，要落到我手里，非活剥了他不可。"

夜深人静，蓝天凤的心已经乱了，这边是难兄难弟的命运，那边是谢志珊的情义，哪一样都不能少。今天是十月底，离十一月十一日还有十几天，等等再做决定吧。

蓝天凤在煎熬中度过一个夜晚。但第二天，他不用煎熬了，因为王阳明军队开始突袭。

虽然每个进出口都有人守护，但是土匪兄弟们和蓝天凤一样，内心七上八下，举棋不定，斗志不坚。

王阳明军队从锁匙龙、葫芦洞、茶坑、十八磊、新地五处进攻。当

蓝天凤得知消息，已有三处失守。

蓝天凤连吃惊的力气也没有了，他自言自语说：“这些兵如从天而降啊。王阳明用兵如神。”

蓝天凤带人去阻击，遇上卢珂带领的五百名士兵，这小子一门心思向上爬，发挥了土匪的“优势”，玩命攻打，蓝天凤只得带人杀出一条血路，向十八磊逃跑。此时十八磊尚未陷落，蓝天凤在这里迎战官兵，没想到死对头卢珂又带领大部队逼了过来，蓝天凤只得逃到桶冈后山，在那里，他想乘飞梯进入另一座大山。俗话说，留得青山在，不怕没柴烧嘛。不幸的是，当蓝天凤乘着飞梯来到对面山头，迎候他的不是自家兄弟，而是王阳明的军队。

王阳明真是神人也！

蓝天凤见前无进路，后无退路，仰天长叹：“谢志珊害了我。”说完，他向着万丈悬崖，一个猛子栽了下去。

蓝天凤本是有机会投降的，但是碍于谢志珊的情义，他没有投降，这正是他后悔莫及之处，世上从来都没有后悔药。

就这样，王阳明军队平定了桶冈，活捉了谢志珊。

除了谢志珊，南赣还有一个山贼即将与王阳明正面交锋，他也非常厉害，名叫池仲容！

王阳明，你准备好了吗？

# 第十一章　智擒霸王

## 逼上梁山

王阳明在剿匪战争中不断取得胜利，他即将遇上最难缠的高手，此人叫池仲容，广东三浰头山寨老大。三浰为上浰、中浰、下浰，位于粤北和赣南交界处。

池仲容从小练得一身好武艺，棍棒剑枪无不精通。传说他能把一只刚吃饱的老虎摔倒；还能和树上的猿猴赛跑；钻入河底能达半个小时，可以捉鳖。

一件事彻底改变了池仲容的命运。

一次，池仲容的父亲被人设局上当受骗，可以说倾家荡产。池仲容去官府告状，可是县太爷孙鸣凤居然把这位原告打了一顿，赶出了县衙。

官府命令他家拿钱赔偿，池家不同意，当然同意也不行，因为家中实在拿不出这么多钱。但是官府有法子：先将他父亲关进牢里，然后给了池家三天期限，不然要将池仲容抓进去当苦力。

这是县太爷孙鸣凤的杰作：把老头子关进牢里，让家人拿钱来赎人，谁敢说一个不字；透出口风，要把当家人池仲容请进大牢，识相的话，主动交钱，让本官早日了断此案。若敢对抗，只有死路一条。

然而孙大人忘了一条，他的政策对多数老百姓是管用的，但多数不代表全部。池仲容就是一个例外。

通牒当天，官府派人到他家，见池仲容不打算交钱，就要带人走，

他们还未动手，池仲容却先动手了。他杀了捕头，让两名捕快回去报信。其实这次行动，他事先已有准备。他的好友高飞甲在得知官府讹池家后，非常愤怒，曾跑来和他商议下一步计划。

“我要去省城告状。”

“没用的，官官相护！”

“那我们一家真要遭殃吗？”

“我有一个不错的办法。”

“什么办法？”

“占山为王！”

“不行吧，做山贼，对不起列祖列宗啊！”

“这是官逼民反，我们也是被逼无奈。”

“好吧！”池仲容思考了好一阵子，感觉没有比这个更好的办法了。

于是，池仲容杀了官府捕头，打伤了捕快，带领弟弟池仲安、池仲宁和高飞甲，集合数百名兄弟，趁着夜色，从县衙大牢里救出了父亲，向深山老林那边逃跑。他们找到一个好地方，此地就是浰头山，干起了占山为王的勾当。

听说池仲容进入山寨，山上大小土匪作了一致决定，拜池仲容为大当家。让池仲容更为兴奋的另一件事是，此山山势险要，易守难攻，而且能自给自足，不做强盗也无须担心挨饿。

池老大“创业”意识前卫，在山寨制作了一面蜈蚣大旗，迎风飘扬。像现代公司一样，他也要有自己的标识。在山寨，池仲容发现一个问题，就是人太少，山寨只有几百人，根本无力攻打县城，更不要说攻城略地，创建霸业。他决定招兵买马，招纳天下有才之士。但是有才之士根本招不到啊。有才之士去哪里了？他们都去当官了。人才确实难招，但是小兵还是好招的。不到半年，队伍便发展到了两三千人！

王阳明来南赣剿匪，开始池仲容并没把他放在眼里，但是事情的发展让他不敢小觑。王阳明拿下了横水、左溪、桶冈等山寨，下一个目标就是自己。

这里的地势、兵力情况与横水、左溪、桶冈等兄弟山寨差不多，它们都被王阳明攻克，这里迟早也会被攻陷啊。

怎么办呢？

池仲容苦苦思索，突然他眼前一亮，“有办法了。”

众人问：“什么办法？”

“我们向王阳明投降！”

“啊？不会吧！”

池老大虽然做人很粗，但是做事很细。他用狡诈的眼光看着不解的众人……这正是他的诡计，好不容易过上好日子，现在却要让他放弃能呼风唤雨的神仙生活回到从前，实在非常难，这比要他的小命还难啊！

## 诈降计

池老大提出投降，当然不是真心实意的，而是缓兵之计。一是王阳明节节获胜，如果不投降，下一个目标就是自己，而自己的军事实力远不及敌手。二是南赣巡抚走马灯似的换，等王阳明离开之后，自己还可以重新出山。

池老大派弟弟池仲安带领两百多兄弟去投降。王阳明是何等精明之人，亲自出来查看，一眼便发现了问题：投降的士兵都是老弱病残的土匪，走路都气喘吁吁。

王阳明反复打量池仲安，他没有下令将这批佯降之人抓进大牢，而是想到了一个更好的计策——将计就计，拟将这帮土匪一网打尽。

王阳明满面春风地迎接，对池仲容能改邪归正表示非常赞赏，突然话锋一转，问道：“你哥为何不亲自来啊？”

此话相当厉害，你哥哥不来投降，让我怎么相信啊？

但是池仲安是机灵鬼，马上说：“寨子里有许多事要处理，待处理完毕，我哥会快马加鞭赶来投降。他现在唯恐落后，就派我们先来啊。”

“你们弃暗投明非常好，但是还缺一点什么？”

池仲安马上理解了，这是王大人向他们索要好处费啊。他马上向王大人使眼色，“好处费我们也带来了。”

王阳明摇了摇头说：“不需要好处费，需要的是你们的行动。我需要你们将功赎罪，消灭残余土匪。”

池仲安说：“我们自当听从王大人差遣，只是兄弟们体弱多病，恐有负大人厚望。”

王阳明心想：这个池仲安也真会周旋，遇上我王阳明，绝不让你有好果子吃。

“打仗嘛就算了，我们要在横水建营场，你们去建设吧！”

“我们不会啊！”

“你们建了那么多据点，怎么说不会？”

池仲安哆嗦一下，连连说：“好，好。”

王阳明一句话，把两百多名土匪变成了政府建设的工程兵。

强者就是把敌人打败，极强者就是把敌人消灭，而真正的强者就是让敌人替自己卖命。

就这样，池仲安从将领变成了包工头，对此，他非常不甘心，他想掌握王阳明的动态，为山寨提供情报信息。然而有先见之明的王大人，在他们营场外面派了一些守护者，说是保护他们，怕土匪突袭，实则隔断了他们与外界的联系。

池仲安带着兄弟干了三十多天的工程后，去见王阳明，说要回山寨。本来他只是想试一试，也没抱多大希望，王阳明怎么会把到嘴的肉丢掉呢？可是令人称奇的王大人不但同意他们回去，还派出慰问队上山慰问。王阳明这样做是为了取得更大的胜利。拿下池仲容这帮土匪，最好的办法是智取，硬攻的话，官兵可能有重大伤亡。

池老大见到王阳明的慰问队非常高兴。他自认为诈降获得对方信任，应该说是一个良好的开端。他想到死对头卢珂，这小子与他为抢夺地盘打过几仗，两个人矛盾极深。这个叛徒，帮着官府打同胞兄弟，现在带着一支军队靠近三浰，对自己虎视眈眈。怎么才能让王阳明把这小子除掉？

池老大马上有了弹劾卢珂的办法。他先派一些兄弟动手，卢珂见池老大“敢在太岁头上动土”，马上狠狠反击。于是，池老大向王阳明写信，举报卢珂派兵打山寨，“我们早投降了官府，卢珂还把自己当成土匪，分明是卢珂公报私仇。”

王阳明回信说：“你已归顺官府，就是官府之人，卢珂目无王法，我警告他，若再敢动你一根头发，我会严惩不贷。”

池老大派人去催王阳明，一定要把卢珂关进大牢。

王阳明说：“此刻，我派卢珂去剿高快马，回来后，一定给你们满意的答复。”

高快马虽是土匪，却在给土匪“抹黑”，官兵一攻打，他们就四散溃逃，高头领被生擒活捉。

王阳明没有食言，将得胜归来的卢珂送进了大牢。

## 调虎离山

王阳明将卢珂送进大牢，不是他脑袋糊涂，而是他调虎离山之计的第一步。以最小的损失平定三浰，最理想的办法就是智擒土匪头子池仲容。所谓擒贼先擒王，只要将山大王抓住了，喽啰们掀不起什么大风大浪，好对付。

卢珂被关入大牢这件事，最不满意的是卢珂：老子跟着官府干，莫名其妙进来了；最满意的当属池仲容：卢珂与我斗了十多年，难分胜负，借助王大人之手出这口恶气，一个字“爽”！本来池仲容是要感谢王大人的，但官府之人，与自己并非同路。

为了让池仲容坚信官府不对自己用兵，王阳明下令让军队解散。当然，这只是县城的部分军队，因为剿匪大战胜利后，土匪土崩瓦解，像模像样的土匪也就三浰山寨了。解散军队说明剿匪成功，不会再去执行清剿任务了，当然也包括池仲容。

探子把两个令人惊喜的消息带回山寨。池大哥高兴啊，这几天憋着一股劲儿，就是对付官兵的，现在形势一片大好，一定是自己的诈

降之计起作用了。但是他想到王阳明善用计谋，这次自己是否又陷入他的计策了呢？

王阳明的第三步就是对付池仲安，只要收下这个人，大事便成了。但池仲安不仅是土匪，而且是土匪头子的亲弟弟，会听王阳明摆布吗？一般是不会的，但是王大师又给我们创造了一个例外。

王阳明找来了池仲安，不是喝酒听戏，而是促膝谈心，王大师口才极佳。王阳明与池仲安的谈心是在友好、平等、尊重的氛围中进行的，池仲安兄弟相当感动，日理万机的王大人，把自己当成兄弟一样，谈人生、理想、责任及他苦苦追寻的灵动心学。

池仲安提出拜王阳明为师，王阳明便收下了这位徒弟。

池仲安成为王阳明弟子后，整个人都变了，不仅思想积极向上，还写信劝说大哥来拜见王阳明。

池老大认为这个弟弟“中毒”了，本来他想有弟弟在那边，打打太极拳，现在却要亲自出马。

池仲容贼心不死，不想去投降官府，但是传奇人物王阳明让他好奇，他很想去会会这位让土匪兄弟闻风丧胆的英雄。

有人反对说：“王阳明太狡诈，你不能去冒险，兄弟们全靠你啊！”

“不入虎穴焉得虎子。”

“万一呢？”

“万一我不幸遇难，你们就继承我的事业，与王阳明死磕。”

临行前，池仲容挑选了能够飞檐走壁、力大如牛的四十人作为护卫。池老大就这样出发了，他与王阳明将展开一场智慧的较量！

## 有钱不一定能使鬼推磨

池老大带着手下来到赣州城下，狡猾的他在城外转了三圈，一直也没有进城。因为一旦进城，自己就成了“瓮中之鳖”，要杀要剐便任由王大人决定了。

现在池老大不完全清楚王大人的底牌，聪明的他想到了刺探敌情的办法。从两方面着手。一是派人去探查城内军队实力。这个问题很快得出答案，与此前弟弟报送的信息吻合，城内除了少量守城士兵，没有军队。二是去监狱核对重要信息，死对头卢珂是否真的关在大牢。若卢珂老贼不在监狱，可以证明这是阴谋诡计。监狱也传来有利信息，卢珂不仅还被关着，而且天天谩骂王阳明，说他听信谗言，冤枉好人。

即便这样，池老大认为此事仍不保险，必须再做一件事，只有做成这件事，他才会百分之百信任，放心大胆进城会见王大人。这件事非常普遍，在明朝官场较多见，就是送钱。池老大相信有钱能使鬼推磨，只要王阳明收了钱，就要替他办事，拿人钱财替人消灾嘛。

当王阳明接到池老大使者送来的钱财，先是吃惊，然后开怀大笑，对使者说："王某虽不是爱财之人，但是池老大的一片诚意我不好意思拒绝。"

当确定王大人收下钱财，池老大放心了，心想：你王大人收了我的钱，就成了我手中的棋子，一旦惹怒了我，告你一状，让你吃不了兜着走。于是带着手下大大方方地进城了。

池仲容进城后很快被抓并斩首。

池仲容死有余辜，在决策中，他太相信钱财的作用。有钱能使鬼推磨，只能说对一部分人有用，而不是全部，连这个基本常识都未掌握，丧命也是情理之中。

池老大被斩首后，王阳明为主帅，卢珂为先锋，向三浰发起了总攻。

三浰喽啰听说老大被杀，没有如池当家所安排，向王阳明拼命，而是人心溃散，纷纷逃命。在官兵强大的攻击之下，山寨很快被攻破，喽啰死的死，逃的逃。王阳明取得绝对胜利。

正德十三年农历三月初，南赣匪患被王阳明彻底平定。一时间，在南赣，在全国，王阳明成了家喻户晓的新闻人物。

# 第十二章　大人讲学

## 公正的裁判

王阳明平定了南赣各路土匪，为朝廷立下赫赫之功，对一般人来说，可以好好休息休息，也可以显耀显耀战绩。但是积极向上的王大人没有时间休闲，他还有更加重要的事要去完成，就是老师，传播知行合一的心学。

王阳明在江西开办学堂，传道授课。王老师招收学生是有条件的，要求学生有一定文化基础，必须取得秀才以上资格，授课内容相当于大学课程，如果没有基础，进去也白搭。

王大人招的学生不能说个个好学，但多数还是好学之士。

一位学生叫王舆庵，是陆九渊的粉丝，喜欢看陆九渊的书，越读越有味，认为陆九渊的理论是数百年难得一见的圣学，当他读朱熹的书时，就感觉无味之极如同嚼蜡。一位学生叫徐成，是朱熹的粉丝，想法恰好相反，他非常喜欢朱熹的书，认为朱熹的观点和理论是顶呱呱的圣学，不认可陆九渊。

两位学生为心中的偶像争辩得面红耳赤，几个回合难分胜负，最后捅到王老师那边，请王老师主持公道。王老师不愧是圣贤，短短几句，说得他们连连点头。

“朱熹创建了‘格物致知’的学说，没有他，我的心学不知道能不能完成（这话公道），但是他也有缺点，认为知和行要分开。陆九渊提出‘心即理’的观点，不仅讲修养，也讲学问，他也是一位伟人，但是他的心学有点‘粗糙’，不注重实践。”

王老师没有说朱熹或者陆九渊谁是谁非，但是两位学生完全听清楚了，对老师佩服得五体投地。

## 知与行从来没有分开过

王阳明的学生里高官显贵相当多，官职最大的属吏部尚书方献夫，而与王老师关系最铁、支持最多的学生，就是弟子徐爱。

徐爱既是王阳明的大弟子，又是王阳明的妹夫。

王阳明去龙场的次年，寒窗十年的徐爱不负众望，考中进士。当他升任南京工部员外郎时，去了一趟江西，看望正在讲学的王阳明。

王阳明非常吃惊，“你当官好好的，跑来干吗？难道出事了？”

“当官一切顺利，家里也挺好。”

“那你跑来干什么啊？”

“有几个问题我想了好久还是想不明白，特来请教。”

“哦，什么问题？”

“我对知行合一有疑问，我认为知行合一难以统一。”

“你举一个例子。”

“对父亲应该孝，对兄长应该悌，这谁都知道，然而许多人都不这样实行。这知与行难道不是两回事吗？”

王老师笑了，说：“这是被私欲隔断了，并不是本原啊！”

王老师担心他不理解，也举实例说：“圣人在《大学》中讲，‘如好好色，如恶恶臭。’”

这句话什么意思呢？听王老师慢慢来解释。

“好好色”中第一个“好”是动词，第二个“好”是形容词，“好色”是好的颜色，比如美丽的女子；“好好色”是指喜欢美丽的女子。对于美丽的女子，你一看就知道，这是知；你看见了，喜欢了，便是行。看到和喜欢是同时发生的，而不是见了之后，才生出喜爱之心。

“恶恶臭”也是如此。闻到恶臭是认识，厌恶恶臭是践行。只要闻

到恶臭的时候，就已经厌恶了，而不是闻到之后，才生出厌恶之心。

徐爱又问："知与行中是不是知的地位低一些？"

"不是的。比如说知痛觉，一定要自己亲身疼痛过，才知道痛；比如说知寒冷，一定要自身受过冻，才知道寒。知与行同样重要，无法区分高低。"

之后，徐爱又提出一个重量级问题："古人把知行分开对吗？"

"古人的话不一定正确。知是行之主意，行是知之功夫；知是行之始，行是知之成。现在有些人以为必先知然后才能行，一味先求知，待得知后方去行，故终生不行，也便是终生不知。知行是合一的，无法分开。"

王阳明教学如医生治病，讲究对症下药，这也是越来越多的学生喜欢他的原因。

圣贤在哪里？徐爱一直在思考这个问题。圣贤并不远，而且离得这么近，他就在身边，而且是大舅子。货真价实的圣贤就是王阳明，他便是徐爱苦苦追寻的圣贤。

后来，徐爱成了王阳明的秘书，把王老师的言论、谈话全部用文字记录了下来，整理成了史上有名的《传习录》。正因为有徐爱的记录，我们才能更加清晰地看到一代圣贤王阳明精彩绝伦的见解。

徐爱，历史永远不会忘记你！

## 一再求问

王阳明对学生不分长幼，不分尊卑，都非常友好地交流。那天，王阳明刚下课，学生们便蜂拥而上，将王老师团团围住。

一位学生叫孟源，他提出的问题与知行合一的心学无关。他问："我思虑纷杂，静坐也没有用，怎么样克制自己，让心静下来啊？"

王阳明面对这个心理学问题，同窗们都替他捏了一把汗，因为王老师没有学过心理学课程，怎么知道啊？但是王老师凭借渊博的知识，用一两句话，让孟源领略了他非凡的见地。

“思虑纷杂，要强禁是行不通的，但办法还是有的，只要保持心情舒畅、全身放松，杂思会明显减弱，即使杂思稍有萌动，也可以慢慢来，不要急躁。”

孟源带着疑惑的心情回去了。经过几次大胆的尝试，孟源的内心又返回到原来那个宁静的世界。

虽然孟源恢复了充沛的精力，拥有了敏捷的思维，但他还是看错了一点：遇人就说王老师是神人。其实王阳明不是神人，而是圣贤！

那天，王阳明站在讲台授课时，屋中进来一位来自浙江永康的人。这位浙江老乡，向王老师点头招呼。下课后，王老师特意关照了下这位新学生。

这位学生虽然第一次进王阳明的课堂，但已经学习了一些知行合一的心学，而且是嫡传心学。王阳明虽然没有亲自传授过，但他也学习了知行合一心学。因为他有一个特殊的身份，他是王老师弟子的弟子。此人叫周莹。

王老师非常喜欢这位千里迢迢而来的徒孙。

“你为何来这里求学？”

“我先生应元忠是王先生的学生。按辈分，您是我的祖师爷！不向您学习，还能向谁学习？”

“哦，应元忠很不错的。既然你有老师，为何还来这里？”

“因为应先生的一句话。”

“应元忠说了什么呀？”

“应先生说，有心于圣贤之学，甚好，要专心致志，不要再沉溺于世俗。你若不信，可直接找王先生。”

“那你信了吗？”

“我信！”

“信了为何又跑来？”

世上还有这么傻的孩子，从浙江到江西没有火车轮船，来往都是步行或小船，往返需要几个月，何苦啊！

“我还不知道入门的办法。”

“你已经知道入门办法了。”

这把周莹懵住了，他傻里傻气地说：“我真的不清楚啊，如果清楚也不会千里迢迢赶来求学啊。”

王老师笑而不答。

“我生性愚拙，真的不知办法。”周莹擦着汗水，不知如何是好。

王老师慢慢诱导。

“你从永康过来，多少路程？”

“千里之遥。”

“一路可辛苦否？”

“当然辛苦，可以说千辛万苦，又是舟船，又是步行，仆人病倒，粮食差点吃尽。”

“这么辛苦，为何不返回？”

“为求圣学，再苦再累也值得。”

王阳明大笑。

“你求学的心如钢铁一般坚硬，你的意志不可摧毁，这就是入门之法。回去吧，好好跟在元忠身边学习。学问犹如石灰之锻造，千锤百炼、烈火焚烧，得水而化之，我将备好担石之水，等待你再来。”

周莹跃然而起，心底透亮说：“王先生，我明白了。”

不管天南海北，不管跋山涉水，多少学子慕名而来，这忙煞了王阳明。有人说他是一块磁石，吸引着学子们的求圣之心！

王阳明，前面等待你的是更大的挑战！

# 第十三章　宁王纳才

## 谋反的理由

在江西南昌，宁王朱宸濠是大大的有名，可以说无人不知、无人不晓。他天资聪颖，从小读书过目不忘，不仅在儒家经典和历史知识方面是行家里手，而且会武术，懂兵法。朱宸濠世袭王位，地位极高，但是他也有苦衷——出身问题。他的出身极不光彩，母亲是一位歌妓。父亲朱觐钧是个花花公子，经常寻花问柳，一不小心让这位歌妓怀孕了。事后，朱觐钧给了对方不少钱，让其将胎儿打掉。没想到这位妓女将钱存了，然后把孩子偷偷地生了出来，最后光明正大地抚养。你不要以为妓女太痴情，也不要以为妓女太傻，其实这位妓女非常有心计，这是千载难逢的机遇，怎么会轻易放手？她渴望从良，只有从良才能摆脱被人歧视的境地，远离这个肮脏之地。若能凭借儿子嫁给王爷，那将是锦上添花、无比荣耀之事，能让她过上呼风唤雨、锦衣玉食的奢侈生活。

当朱觐钧得知妓女背信弃义后，他没有愤怒，也不会愤怒，因为他听说妓女生了儿子。虽然朱觐钧的老婆众多，但是他却没有儿子，都是女儿。在封建思想的指导下，朱觐钧一次次受到打击，他丧失了生儿子的信心，认为自己是无福之人。然而青楼女子突然给他生了个儿子，仿佛冥冥之中有菩萨保佑。在那个封建社会，一个家庭如果没有儿子出生，总是抬不起头，王爷也一样，而且这么大的家业，没续上香火，金碧辉煌的王府迟早得关门，死后自己怎么去见列祖列宗？

朱宸濠在父亲极度渴望的目光中进入王府，他的童年、少年成长非常顺利，当他接替王位后，将王府内外搞得有声有色。朱宸濠是享福之人，应该非常开心，但这位王爷并不开心。因为一件窝囊事，他经常替老祖宗朱权鸣冤。老祖宗朱权非常委屈，受了朱棣欺负，不敢跳出来喊一嗓子。每每想到这里，朱宸濠恨得牙痒痒，暗下决心要替老祖宗朱权出气，夺取属于自己的那半个天下。这是“伟大”的谋反大业，规模经营并非杀几个人那种小打小闹，成功了可得到那高高在上的皇位，失败了则后果非常严重，会株连九族。

朱权是朱元璋第十七子，1392 年到大宁（今内蒙古自治区赤峰市宁城县）就藩为宁王，在与外敌的无数次交手中，朱权实力大增。到朱元璋含笑九泉时，他的卫队数量剧增，有七万多人，是外敌最惧怕的对手。

后来，朱元璋的孙子建文帝朱允炆在亲信的怂恿下削藩。朱元璋的第四个儿子燕王朱棣跳了出来，发动进攻，要夺取皇位。

朱棣明明是自己造反，却起了一个响亮的名字“靖难之役”。靖难就是平定变乱。

朱棣只有三万军队，中央军有百万之多，力量悬殊，但是骁勇善战的朱棣以出奇制胜的闪电战，连连攻城略地。建文帝慌了，立即组织主力反攻。这下朱棣可受不了了，军队败退到了大宁，也就是朱权的地盘。

朱权对建文帝的削藩极为反感，见哥哥朱棣求见，与大臣商议，同意他带少量官兵进城。

然而这个错误的决定，让天下大变，皇帝换人，明朝的历史改写。

朱棣远远看到朱权，连忙跑上去，拉着他放声大哭，求朱权替自己在皇帝面前做个中间人，求个情。

自家兄弟落难，总要帮上一把的，先好酒好菜招待。没想到这是朱棣的诡计，单纯的朱权进入圈套，他将第一次遭遇劫持。

当朱棣离开时，他请弟弟送别一程。

朱权想这个哥哥是枭雄，好面子，便满口答应。

当然朱权带着数百护卫军将朱棣送出城门，正要挥手告别时，他却成了笼中之鸟，擒获他的不是别人，而是刚刚热情拥抱自己的亲哥哥朱棣。

在官场之中，为了争夺权力，不惜牺牲骨肉、亲情者大有人在，比如女皇武则天为了巩固权力，便杀了自己的儿子、女儿。

成了阶下之囚的朱权，非常相信权力。

他说："你不害怕我手握的七万大军吗？"

"我害怕。"

"害怕？你怎么还敢抓我？"

"我曾经害怕，但是现在不害怕了，因为你的命掌握在我手中。"

朱棣除强硬这招外，还有柔软的一招，这招出手，一般人都会接受，朱权也是一般人，当然难以幸免。朱棣提出了友好平等的建议：共打天下，平分天下。

朱权没想到自己从鬼门关转了一圈，回来马上便可以拥有半壁天下，真是天壤之别。面对如此一本万利的生意，他非常爽快地答应了。

后来这对朱氏兄弟从侄子那里夺得天下，两个人非常开心，但是收获却完全不一样，朱四哥在当了权倾天下的皇帝后，便从不提均分天下那档事，朱权这才知道自己被忽悠了，但是有什么办法呢？朱四哥羽翼已丰，自己远非敌手，还是找一个好地方当个藩王实惠，他主动提出去苏州、杭州当藩王，上有天堂，下有苏杭，能去苏杭也不错啊。但是朱四哥不同意，苏州、杭州肥得流油的地盘，怎么轮得到他呢？

朱棣还是够意思的，替弟弟想了四个去处：福建建宁、四川重庆、湖北江陵、江西南昌。

面对四处穷山恶水的地方，朱权分析来比较去，最终选择了江西南昌。他到南昌后，每天沉浸在公子哥的奢侈生活中，有时种花养鸟，有时读书写字，但是绝不过问军队。这让朱四哥很放心。然而这正是朱权的隐约智慧，这样做可以让他的血脉在南昌得以生存发展下来。

而朱宸濠却要替老祖宗抱打不平，抢回他应该拥有的权势、地位。

# 收买高官

从宁王朱宸濠的行为来看，他始终遵循这样一句人生格言：谋反大业，人才为本。

有些史书说这位兄弟智商较差，但我认为这并不客观。他想到谋反大业需要的，首先是人才，然而人才都在朝廷，许多做了高官，如果将高官收为己用，进入自己造反团队，那将百利而无一害。

收买官员，就会建立特殊的关系，形成一张官官相护的关系网。

朱宸濠出手大方，收买的对象并非小官小吏，也不是中层官员，而是在中央、省市有话语权的实权人物，是在皇帝身边能说上话的人物，如皇帝最宠爱的太监、首辅。

当时刘瑾没有倒台，此人一言九鼎、权倾天下，但是在金钱面前，刘公公本来就是俘虏，他即将成为宁王公司的兼职员工。宁王舍得送钱，宁王认为送钱就是投资，只有舍得投资，才会有好的回报，而且自己当皇帝后，不要说刘公公口袋里的钱是自己的，他项上的脑袋也是自己的。朱王爷送钱也是大手笔，通过江西驻京办事处，向刘公公送了两万两白银，刘公公受贿的次数记不清了，但他知道这次是单笔数字最大的。刘公公眉开眼笑，“有什么事情不可以帮助？王爷尽管说好了。”

“宁王要的是护卫。”送钱人说。

所谓护卫，原是朱元璋定下来的，每位藩王拥有一定的护卫权，少则数百人，多则数千人乃至数万人的军队。一旦京城有事，可以勤王。朱棣当皇帝后，知道这不是良策，而是弊端，因为他就是用护卫军夺得天下的，于是下了一道诏书，把所有王爷的护卫权给撤销了。

“不就是要个护卫权吗？”刘公公哈哈大笑。天下本不是他刘家的，他却显示出浩大的气度，大笔一挥，给批准了。

于是，宁王终于获得了护卫权，也就是军权。

宁王的第二个目标是吏部尚书陆完。吏部太重要了，它是六部之首，而且陆完此人当过兵书尚书，掌握资源相当多，将他收买是必须的。

宁王派人送了厚礼，陆完的骨子本就没有几两重，在利益面前，很快便投入了朱宸濠的怀抱。宁王这票买卖相当值得，吏部是管奏折的，所有地方和京城的奏折都由吏部转呈，从此以后，便可将说宁王图谋不轨的奏折扣下，将赞颂宁王的奏折呈给皇帝。

宁王看中的第三个目标是杨廷和先生。杨先生是当朝首辅，基本上是一位好官，但是他也收过宁王的礼。

在杨首辅看来，只要忠心耿耿为朝廷办事，区区礼金，又算什么？什么事情可以做，什么事情不可以做，他心里一清二楚。

可当刘公公倒台后，护卫权也被收了上去。宁王焦急不安，没有这个护卫权，办不成大事，便马上找到皇帝身边新的大红人钱宁，给了大笔钱财。钱宁见钱办事，便给了他护卫权。

宁王这样花大钱去收买人，不是他视金钱如粪土，而是他把金钱看得太重，他认为这是投资，投资越大，回报就越大，他要回报的不是本金加利息，而是整个大明。与王朝相比，这些投资实在微不足道！

## 唐伯虎的逃生计

宁王有了护卫权后，开始胆大妄为起来，筹集军队，打造武器，收罗船只，储备粮饷……

宁王招募的对象基本不用政审，只要能打能砍就行。他自己干的就是造反这个行当，如果是良民，谁还会去造反？

宁王的招募给了违法犯罪分子一个极好的机会，大盗、小偷、水贼、地痞、流氓等亡命之徒正找不到出路，当他们知道宁王高薪招聘，便纷纷来报名投靠。这年月，三条腿的蛤蟆难找，两条腿的人多的是。大名鼎鼎的闵廿四、凌十一、吴十三等首领加盟，成为宁王军队的骨干。

打打杀杀的亡命之徒真不少，可现在还缺少一位运筹帷幄的军师。想想历史名人，哪个都离不开军师帮助啊。刘备有诸葛亮，朱元璋有刘伯温，宋江有吴用，宁王也必须有军师，不是沽名钓誉那种，而是真

正的人才。

宁王招的第一位人才是刘养正，此人中过举人，进士考不上，仗着读过几本兵书，敢说自己熟读兵书、运筹帷幄，除了能吹外，缺少真才实学。

还有一位叫李士实，在朝廷当过御史，因为自命不凡、老气横秋，在朝廷混不下去，才来投靠宁王。他遇事很少有主见，一般也只是举手点头。

这二人就是两个活宝，可宁王却把他们当成卧龙、凤雏看待，也算别有眼光。

朱宸濠知道自己缺少真正的人才，但是他也没有办法。正在愁眉苦脸之际，有人告诉他，在苏州城找到一位真正的人才，只要这个人加盟，大业必成。

这个人就是闻名中外、鼎鼎大名的大才子——唐伯虎。

二十年前，唐伯虎上京赶考，遇上同去考试的好友作弊，他也牵连了进去，有了牢狱之灾，被剥夺了进入仕途的机会。当他出狱后想过上平淡的日子，可是一切都变了。

原先那些笑脸相迎的乡亲变脸了，除了藐视还是藐视，他的书童不再崇拜他，有时还反客为主，大声训斥他。他的老婆不但未能谅解，还经常给他脸色，有时甚至还谩骂。

更让他痛苦的是，连在家看门的“旺财”也不认识他了，看见他也是汪汪大叫，追着他咬。

这不是玩笑，也不是故事，以上情况均出自唐伯虎给朋友的书信，都是事实。

在残酷的事实面前，唐伯虎不再寒窗苦读，不再相信圣贤之言。相信也没有用，朝廷剥夺了他的考试权，他已失去了做官的资格，读书还有什么用啊？

唐伯虎的追求、梦想就是吟诗作画，除此之外，他还有一样东西——醉生梦死的快乐！

其实大家都需要快乐，除非此人是傻子，但是唐伯虎快乐得相当另类。从此，他开始流窜于全国各地的著名妓院，由于他文采出众，迷倒了很多风尘女子。

此后，唐伯虎有了一个美名——风流才子。在唐伯虎那纵情的笑容背后，是无尽的心酸！

唐伯虎处在最低谷之时，朱宸濠的邀请书来了，请他去王府当官。

唐伯虎有举世无双的才学，他也渴望当官。当他看到朱宸濠的邀请书时，十分高兴，仿佛千里马遇上了伯乐。

唐伯虎遇上朱宸濠后，感觉这位王爷礼贤下士，想着在王府当军师也不错，自己终于找到好领导了。

但是绝顶聪明的唐才子很快便发现一个问题，朱王爷这位领导很不地道，经常与不三不四的流氓、强盗联络，而且囤积粮草、打造兵器，还经常在全国地图前苦苦思考。

这分明是要造反啊。自己学的是文学和绘画艺术，对兵法、权谋一窍不通。在打仗谋划方面，自己想不出金点子，帮不上忙。当然更重要的一点是，谋反不是玩过家家，随时可能掉脑袋。

他想放弃了，但朱王爷会同意吗？

看了那么多机密，知道了那么多内情，不把脑袋留下，怎么舍得你走啊？

四十九岁的唐大才子，面对生命威胁，迸发出了智慧的火花，他决定装疯卖傻！

得知唐伯虎变疯后，朱王爷便把他送回了苏州。

虎口脱险的唐才子松了一口气，但在庆祝劫后余生的同时，他对从政已经绝望。

此后，唐伯虎继续沉迷醉生梦死的欢快，但他在诗词书画上却有了惊天动地的成就，被后人认为三百年中无人可望其项背。

前几天，我看了一部以唐伯虎为原型的电视剧，看着他如何智斗奸臣，如何娶得美人归，这些情节十分搞笑，但是我却笑不出来。

因为在我脑海中，存在着一个真实的唐伯虎：那个刻苦求学的年轻人，那个怀才不遇的中年人，那个无比痛苦、绝望的灵魂。

## 策反王阳明

朱宸濠没有帮唐伯虎“治病”，而是果断将他送走，因为他已发现另一位懂计谋的军事人物，只要此人出马，造反大业必然成功。朱宸濠的自信是有依据的，因为此人就是声名鹊起的王阳明，他屡次用奇异的招数剿匪，最终将赣南地区的土匪剿灭，体现了一位卓越军事家的才干。

王阳明在南赣，如果此刻举事起兵，若不能将王阳明收为己用，前进道路的拦路虎就是王阳明。朱王爷深知天下最可怕之人并非朱厚照，而是王阳明。

朱宸濠把自己的想法告诉军师刘养正、李士实。

刘养正说：“王阳明此人相当正派，想让他投靠王爷，可能性不大。”

朱宸濠说：“我有办法策反王阳明。”

“什么办法？”

“让我爱妃出马，一定会马到成功。”

“难道是美人计？”刘养正想。

朱宸濠的爱妃就是娄素珍，她是王阳明师傅娄谅的孙女，而且娄素珍与王阳明一见钟情，差点谈婚论嫁。

就凭师承关系和曾经互为恋人的关系，王阳明可能会给面子，如果给了面子，王阳明就将成为王爷的人。

刘养正主动请缨前去策反王阳明。

刘养正见到王阳明，两人从学问谈起，天南地北侃，学历的差距、观点的不同，他们如两个跑道上的车子，总不能相会。王阳明比较尊重刘养正，他虽然没有官职，却是王爷身边的人。

刘养正见时机成熟，切入正题。

“宁王尊师重道，有汤（商汤）、武（周武王）之资。王爷非常赏识先生，很想听听先生讲课。”

王阳明从刘养正话中，感觉到一股可怕的苗头——宁王要举事。其实王阳明从民间也得到消息：宁王要谋反，可是这些都没证据，刘养正的话印证了民间传言。

王阳明准备进一步试探，说："王爷也是才子，怎么让我去授课？"

"是啊，宁王是大才子，既爱护百姓，又不像当今皇帝那样爱游玩，不理国事。"

"那我更不能当宁王的老师。"

"你在宁王身边讲学，就可以成为王爷的军师。"

王阳明愣住了，这些敏感问题被抓住是要杀头的。没想到刘养正一点不顾忌，开门见山。

刘养正说："难道世上没有汤武吗？"

这就是说，应该有人起来造反。

话说到这个分儿上，王阳明不可能不表态了。

"汤武再世也得有伊吕。"（伊是伊尹、吕是姜子牙）

"有汤武就会有伊吕。"

王阳明依然不动声色，"有伊吕还怕没有伯夷叔齐吗？"

这是一段有关商代政治人物的典故，弦外之音十分鲜明。这次含而不露的唇枪舌剑，让双方都摸清了对方的心理。

王阳明见目的达到了，就说："没有时间给宁王讲课。"

王阳明说完这话，让刘养正乖乖走人。

然而刘养正给他递了一封信，王大人瞬间改变了态度。

此信是师妹娄素珍所写。信中，她希望王阳明去王府讲学，心学没有门户之分，望他将其发扬光大。

王阳明知道因娄师妹误会，自己欠她许多，造成二人没有走在一起。看到这封饱含真情的来信，他实在没有拒绝的理由。

刘养正见王阳明连连点头，知道他不拒绝了，眼露喜色。

"王大人什么时候动身前去啊？"

"我答应去讲学，但不是我去，我学生去，此人叫冀元亨。"

冀元亨是王阳明最优秀的学生之一。

后来冀元亨与宁王讲知行合一的心学，宁王怎么听得进去啊，他脑子中只有造反大业，哪里还有心思听心学？宁王想让冀元亨参加造反，

只要他参加了，王阳明就难逃干系。冀元亨不愧是王阳明的出色弟子，他没有答应，也没有反对。答应造反可要株连九族，不答应造反马上丢脑袋。正在冀元亨苦苦思索之际，师姑娄素珍送来了四样特产：枣、梨、姜、芥，暗示他“早离疆界”，这正合冀元亨的想法。在娄师姑的大力帮助下，冀元亨逃离虎口。

冀元亨回来，王阳明并不开心，因为他想到宁王绝不会善罢甘休，同时替冀元亨的前景担忧。最后决定让冀元亨离开这个是非之地，去家乡绍兴，做儿子的家庭老师。

冀元亨虽然暂时离开了，但是他最终没有躲过祸患，后来他因此事遭受陷害，让王阳明愧疚、难过，这成为王阳明一生的痛！

# 第十四章　宁王造反

## 后院起火

朱宸濠比朱厚照聪明、勤奋好几倍，但是老天爷不开眼，皇帝居然不是他，而是朱厚照。他想到朱棣就生气，都是这家伙耍赖，得了天下后食言，没将半壁江山分给朱宸濠的祖宗朱权。每当朱宸濠想到这件事，内心都愤愤不平。

然而一个人的出现，如同在干柴上点了一把火，此人便是知名度极高的术士李自然，大家尊称他为李大师。术士在明朝相当吃香，懂得这门“神技”者可以行走江湖，也可以在朝为官。

朱宸濠非常相信术士，他花重金请来李大师看相。

李大师说：“王爷的相，贫道不敢说。”

朱宸濠见大师不说，知道一定有说法。越是不能说，越让人好奇，越让人好奇，就越想知道最终答案。

朱宸濠天天陪着李大师喝酒吃饭，目的只有一个，解开谜团。

也许是李大师被朱王爷的诚意感动了，他答应帮助解开谜团。

“王爷面相相当奇特，让外人知道就会有杀身之祸。”

“不会吧。这个社会只有我去杀人打人，哪来杀身之祸？”

那就等李大师慢慢忽悠吧。

“王爷的骨相实在不普通啊，是极其少见的。”

“那是什么啊？”

“王爷有天子之相。”

“啊，怎么会这样？”

朱王爷故作惊讶，但是内心却相当开心。有天子之相，那就是做皇帝的命，这正是他梦寐以求的理想。

之前朱宸濠对举事还有些犹犹豫豫，但自从李大师介入，他坚信自己是真命天子，果断地跨出了这一步。

宁王紧锣密鼓的造反举动，被一位女子发现了，此人虽然一身正气，却没有去举报，因为她不是别人，正是宁王的爱妃娄素珍。娄素珍自从与王阳明分别之后，王阳明没有去提亲，她认为王阳明有了新欢，一气之下另嫁他人。当然这个人的财力、地位、相貌比王阳明强，此人就是朱宸濠。

娄素珍容貌清丽、身材苗条，不仅会琴棋书画，而且品德纯正，深明大义。她不仅经常给饥民施粥慰问，而且每年清明节，都会在东湖搭台，亲自去唱农歌，勉励农夫勤于耕耘，期望多产多收。

当时娄妃深受百姓爱戴。

当娄素珍发现丈夫谋反时，相当害怕。虽然是夫妻，但她又不能明说，只能用婉转的方式劝说。她将自己的长发蘸了墨汁，写了两个斗大的字：翰屏，并把这两个字刻在碑上，将碑立于王府内。

翰屏，取于《诗经》之“大邦维屏，大宗维翰”。什么意思呢？王爷分封为藩，当为捍卫国家的力量，怎么可以谋反啊？

宁王看到后，当然明白其中意思，心想：女人嘛，头发长，见识短；她们看到一个南昌城就相当满意了，而我看到的是中华秀丽的河山。

娄妃见用书法劝说不成，便试图用自己的画作和诗词让宁王回头，浪子回头金不换啊。

娄妃画了一幅画，内容是樵夫采樵，画面甚怪，两头柴薪，大小不一，她怕宁王看不明白，还填诗一首：“妇劝夫兮夫且听，采樵须是担头轻；昨宵雨过苍苔滑，莫向苍苔险处行。”其用意十分清楚，苍苔险路行不得的，危及生命。娄妃本来想让老公放手，哪知自己的一画一诗惹恼了宁王。宁王非常愤怒，老子要得天下，哪能让你们女人在背后喋喋不休，晦气啊。

为让晦气远离自己，宁王把娄妃送入梳妆楼，软禁了起来。

娄妃再没有机会吹枕边风了，宁王就这样走上了一条不归路。当然娄妃也知道死神正悄无声息地出现，逼近自己年轻的生命。

## 一招臭棋

宁王将娄妃软禁之后，日子并不好过，因为他遇上了另一个麻烦，此人比娄妃还难搞，相当棘手，他虽贵为王爷，却也没法子。此人就是江西巡抚孙燧，宁王派人送过几次礼物，都被退回。此人是实权派人物。本来朱王爷想他是不难被摆平的，比他能力、实权强得多的首辅杨廷和都收礼了。杨大人都敢收，他却不收，这让宁王费解。除用钱之外，宁王实在没有更好的计策。让他担心的是，此人还与南赣巡抚王阳明是老乡、好友，如果他们两人联手，将是举事大业的大障碍。

宁王召见两位谋士：一是刘养正，举人出身；另一个是翰林院出身的李士实。

宁王提出孙燧这块硬骨头相当麻烦，如果不及时解决，他迟早会向朝廷汇报我们的举事大业。

谋士刘养正一笑，说："这点小事，怎么会难住宁王？"

"刘先生有何妙计？"

"很简单啊，把孙燧给杀了，不就得了。"

"不行，现在不能把孙燧杀了，假如杀了，朝廷还会派一个张燧、李燧、王燧……而且还会引起朝廷对我们的不信任。"李士实说。

"李先生，你说怎么办？"宁王想，平时待你们不薄，现在遇上困难，快给我出妙计。

"宁王，有一条计策，宁王不用一兵一卒，轻而易举可得天下。"

宁王瞪圆眼睛，不敢相信自己的耳朵，世上怎会有这等好事，这会不会是李士实在忽悠自己？

宁王马上立起身来，拉着李士实的手臂说："快说说你的妙计。"

李士实见大家注视自己，便慢条斯理地说："让王爷的儿子出面即可成也。"

李士实的计策确实厉害，不动用武力，只要方式得当，掌握天下并非梦想。

朱王爷有文韬武略，却难夺皇位，现在竟然让十岁的孩子出面，这是什么道理？朱宸濠有点不悦，李士实是不是开玩笑？

"这是什么妙计啊？"

"让小王爷认朱厚照皇帝为干爹。"

刘养正说："我们谋反大业一旦泄露，朱厚照还会顾及干儿子吗？这个没有用吧。"

李士实呵呵一笑说："小王爷成为朱厚照的儿子，将来朱厚照一死，小王爷就是皇帝，你就是皇帝的亲爹。"

朱宸濠感觉有些道理，但是他对太上皇这个职位是不满意的，要做就做号令天下的皇帝。

李士实不愧当过皇帝秘书，一眼就看出朱王爷不屑太上皇这一职位。李士实随后说出了这个奇思妙想的后半段，只要小王爷做了皇帝，王爷只要搞定自己的儿子，就可以当皇帝，这比解决朱厚照容易得多。

朱宸濠向李士实一抱拳，掩盖内心的喜悦，高声说："李军师真是诸葛再世！"

朱宸濠马上通知京城的朋友，向朱厚照推荐自己的儿子当朱厚照的干儿子。

朱厚照大喜过望，不费举手之劳，就得了个十岁的儿子。但是王琼知道后，提醒他说，皇帝才三十多岁，没有孩子也是暂时的。

这话提醒梦中人，朱厚照想：老子才三十多岁，而且身体挺棒的，谁敢说我不能生儿子？当然是自己生个儿子贴心，暂时不收干儿子。但是朱皇帝也相当厚道，回话说："宁王为江山社稷的千秋万代着想让朕感动，下旨命令江西的地方官好好关照宁王。"

朱厚照只知道玩，不想管理国家，当然也管理不好国家，但是大臣管理国家还是非常出色的，比如杨廷和首辅、王琼等。王琼猜测朱宸濠让自己儿子当皇帝干儿子，这是个间接夺取皇权的计谋，他预感宁王那边迟早要出事，便派心腹之人去南昌，通知南昌副使胡世昌掌握宁王的一举一动！

## 谋　　反

胡世昌得到王琼的指令，当即派人日夜盯死宁王府，一旦有风吹草动立即上报。他很快发现宁王的越轨行为，而且极多，比如购买兵器、招兵买马、引进军事人才等。

宁王也知道这个胡副使是实权派，多次派人上门送礼，可是胡副使平时也没少收礼，就是不收宁王的礼，因为他知道有的礼收了不用还，但是宁王的礼不仅要还，而且还要用人头去还。

宁王也曾多次刁难胡副使，胡副使有王琼撑腰，便大胆举报宁王谋反。

吏部尚书陆完接到胡副使的举报，作出一个让胡副使做梦也不敢想的回复：宁王是皇族之人，诬告他，对你没有好处，你不要杞人忧天。

胡世昌没有告倒宁王，自然倒下的也只有他。后台极硬的宁王反射一箭，请大靠山钱宁出面栽赃，说胡世昌诬陷皇族，将他关进了锦衣卫大牢。

有靠山是好事，但是靠山要倒时，却是坏事。

宁王的大靠山钱宁遇上了死对头，此人就是江彬，也十分受朱厚照喜欢。江彬与钱宁在争宠之斗中，发现钱宁的破绽，就是收取宁王的大笔钱财。江彬决定从宁王着手，一举搞倒钱宁。

钱宁被盯住后，宁王也成了众矢之的，正当朱厚照要收拾这个皇室人员时，一个重量级人物出马，此人就是杨廷和首辅。杨首辅也收过宁王的礼，收人钱财，替人消灾。在杨大人的苦心周旋之下，朱皇上作出一个不错的决定，派使者察看情况，同时警告宁王，不得有越轨行为。

这件事情平稳着陆，最辛苦之人当属杨首辅，他费尽心血，四处熄

火，本以为能做得万无一失，但是他疏忽了一个致命点：宁王的心理素质不过关啊。

当事人的心理素质差，这是别人帮不了的。

当皇帝使者前来的消息传到南昌的时候，朱宸濠正准备举行生日宴会。当他听到这个消息时非常震惊，马上找李士实、刘养正商量。

李士实身体不佳来不了，刘养正很快赶来。当他看到朱王爷期待的目光，知道自己表现的机会来了，之前有什么功劳总被李士实抢去，今天没人抢了。

“我们在朝中都打通了关系，但是没有人通报皇帝的钦差大臣前来，这里面一定有大问题。”

“什么问题？”宁王紧紧追问。

“让我思考思考。”

“刘先生，你是军师啊，关键时候要看你了。”

“有了。”

“什么？”

“我们的事情被发现了，皇帝要下手了。”

“怎么办？”

“我们先下手为强。”

“啊！”

“我们立刻动手。”

事情没搞清楚，但是自以为聪明的刘养正作出最坏的打算，这个决定把神童出身、官场混迹二三十年的杨廷和首辅的心血给白费了。

朱宸濠没有分析其中的原因，盲目相信刘养正，决定马上造反。

刘养正提出造反起兵应该有理由，不然怎么让天下老百姓信服？

朱宸濠说：“这个我早想好了，以太后的名义起兵。”

“太后会支持我们吗？”

朱宸濠狡黠一笑说：“太后当然不会同意，但是可以伪造。”

刘养正伸出大拇指，连连点头。

朱宸濠与刘养正两个商量了一阵，发现他们眼前有两个最大的敌人，第一个是王阳明，第二个是孙燧。只有杀了这两个人，谋反大业才不会受阻。

刘养正也不是一点水平也没有，马上给朱王爷献计说：“明天是你的生日，让王阳明、孙燧来喝酒，如果不肯跟随王爷，那就把他们杀了。”

当王阳明接到朱王爷的生日宴请，感到一股刺骨的寒气，聪明绝顶的他假装生病没有去。他也托人给老乡孙燧捎信，千万去不得。

孙燧说：“我一定要去，去了才能掌握朱宸濠犯罪的证据。”

王阳明说：“他们可能会杀了你。”

“杀了我就是他们谋反的证据。”

王阳明见劝说不了，也没有办法。

宁王生日那天，江西的重要官员差不多都前来祝贺。孙燧也进入宁王府，他一进入府内，就大吃一惊。

在生日现场，除有头有脸的来宾之外，竟然出现了一群不该出现的人——数百名身穿闪亮盔甲、手持利刃的士兵。

孙燧见势不妙，溜到门口，却被侍卫拦了下来。孙燧正想借机大骂一阵侍卫，此刻宁王进来了。宁王大声说：“大家慢走，本王有重要事情宣布。”

大家想今天是宁王的生日，他一定会非常开心。然而宁王来到大家面前，还没有说话便哽咽地哭了起来。难道是高兴得哭吗？当然不是。

宁王哭丧着脸，用无尽的悲痛向大家诉说那个不幸的故事。

他告诉大家：孝宗皇帝抱错了儿子，本王才是孝宗皇帝的亲生子。

“这种事情你怎么不早说？”孙燧问。

“我也才知道啊。”

“你怎么知道的？”孙燧又问。

“太后告诉我的，现在太后已下诏书，让我起兵讨伐朱厚照这个假冒货。”

大家被这突如其来的“真相”震惊了。

但孙燧巡抚却看出了宁王在编故事。他也不顾礼数，跑到宁王面前，伸出右手，说道：“请把太后的诏书拿出来。”

宁王呵呵一笑，他知道有不要命的会跳出来，好在提前做了准备，

不然面子都丢尽了。

宁王从怀里取出“太后诏书”在孙燧跟前展开。孙燧看了一眼，抓住机会，果断地高声说：“这诏书是伪造的。”

宁王恼羞成怒，心想：老子叫人伪造得以假乱真，却被你发现。

“把孙燧这个叛徒抓住。”宁王脑子不傻，说不过你，给你安个罪名，抓住你。

“各位官员，跟着我干，我们去南京。”

孙燧说：“你这个反贼。”

“把孙燧拉出去，等候处置。”

按察副使许逵挺身而出，要来救孙巡抚。宁王一挥手，下令说：“把他们两个带到城外，斩首示众。”

他非常“友好”地看看剩下的官员，说：“还有谁不服气？”

堂厅一片寂静。

在死亡威胁面前，大多数人选择了沉默。

孙燧和许逵被拉出去时，孙燧还大骂宁王，叛军便打断了他的手臂。孙燧没气馁，反而对许逵说：“对不起，我连累你了。”

许逵道：“为国尽忠，是我的本分。”

杀掉了孙燧、许逵后，宁王作了重要的“民主”决定，给官员搞一次别开生面的民意测验，看是否愿意跟宁王一起举事。

回答“是的”有封赏，回答“否的”有“好果子”吃。

最后结果是四六开，大部分人选择拒绝，不是他们有多么爱国，而是觉得跟着这位兄弟造反风险太大，随时要丢脑袋。

这时，刘养正进来汇报说：“王阳明不见了！”

宁王脸色发白说：“不能让这家伙溜了。”

“王阳明逃之夭夭，说明他不过如此。”

“我的大业若不成，一定是坏在王阳明手上。给我把王阳明找出来，死要见尸，活要见人。”

追捕王阳明的军队火速出发！

王阳明，你要小心些！

# 第十五章　计平宁王

## 集合力量

宁王在南昌谋反，杀死巡抚孙燧之后，下一个目标就是王阳明。王阳明虽然逃得快，但是宁王认为他逃不出自己的手掌心，一定会成为阶下囚。然而让人啼笑皆非的是，最终成为阶下囚的不是王阳明，却恰恰是宁王自己。

宁王在王府宣布造反大事，王巡抚正在丰城城外巡视，当他得知这个震惊的消息后，意识到孙燧已经以身殉国了，此时宁王必定会全力以赴追捕自己，而自己实力远非对手，一定要逃出宁王的魔掌。

王阳明开始了逃跑之路，他带着众人上了官船，船行了半个时辰，他突然提出让船靠岸，上路步行。走了一阵子，王阳明对众人说："为了你们的安全，我们分开吧。"

众人说："不行，王大人去哪里，我们就去哪里。"

"我去临江府。"

众人吓得脸色发白，好不容易逃了出来，现在去临江府不就是往火坑里跳吗？临江府与宁王叛军距离很近，随时可能沦陷。

"王大人，你去临江府干什么？"

"我要带人平定叛乱。"

大家看着这位光杆巡抚。没有军队，没有武器，也没有粮食，一直精明的王大人也会犯傻事，难道发高烧了？

“大家不用随我前去，但是我有一事相求。”

众人面面相觑，难道王大人要交代后事？

“我们分别之后，你们乘坐小船离开这里，宁王一定追不到你们。”

好计策。一个调虎离山之计。

“那王大人，你怎么办？”老李说。

“我当然有办法。老李，你换上我的官服。”

“王大人，我不敢，我是仆人。”

“呵呵，你把衣服给我，我们换衣服，为了帮我掩人耳目。”

“原来如此。”

好一个金蝉脱壳之计！真是精彩绝伦。

当王阳明伪装成平民孤身一人来到临江府，见街区官员、百姓乱作一团，纷纷携家带口逃离这里，真是一幅活生生的逃亡图。

王阳明拉住一位穿官服的衙役。衙役见来人气势好大，却穿着平民衣服，正欲骂人，但此人气宇轩昂，问了一句把他震住了：“戴德孺在哪里？”

戴德孺可是知府，自己从来不敢直呼其名，看来此人来头不小。

“也许在府内，也许已经逃离，我也不知道啊。”

那个衙役带着王阳明进入知府府衙，戴德孺正收拾物件，准备出逃。这个决定很正常，小小的知府打不过宁王，如果真打得过，也不敢打啊，人家是王爷，与皇帝是一家人，哪天关系好了，给你扣一顶以下犯上的帽子可怎么办？

王阳明见戴知府逃跑前的窘态，高声说：“你们不用跑路了，留在这里，与本巡抚一起平叛。”

戴德孺见直属领导王大人来了，还要平叛。戴知府脑子活络，马上来了个一百八十度大转弯。

“我们自当听从王大人差遣。”

戴知府这条小命算是交给王阳明了，他问出了关键一句话：

“王大人，你带了多少人马？”

“不多也不少。”

“那是多少？”

“就我一个人。”

原来这位王巡抚也是刚逃出虎口，身边无一兵一卒，是位实足的光杆司令。

戴德孺也是实际主义者，他面对领导，略有讽刺地问了所有人都想问的事情：

“王大人，现在就我们这些人，如何能平叛？”

众人道：“是啊，没有朝廷的命令，没有百姓的支持，对手又是王爷，你凭什么这么自信？”

大堂之上鸦雀无声，大家都在等待王大人的回答。根据这个回答，他们将决定自己的去留。

“因为本巡抚在这里！”

王阳明环顾周围，用震耳欲聋的声音重复说：

“因为本巡抚在这里！”

“就是人少，就是孤军，也必将奋战。”

众人想：这个理由有些牵强吧，你王大人又不是齐天大圣孙悟空。

但是德孺知府还是被王大人义愤填膺的话感动了。他带着留下来的少量军队立即开会，下令在城内布防，如果宁王敢来，就与他巷战到底!

但是王阳明给了他一个意外的答复，“这里不能布防，马上集结军队，撤退！”

“什么啊？刚才还说要抵抗到底，现在又搞什么名堂？”

面对戴知府惊讶的神色，王阳明笑着说：“戴知府，我们兵力不足，这里不是平叛的地方。”

“哪里才是平叛的地方？”

“吉安！”

吉安，位于江西中部，易守难攻，交通便利。王阳明将在这里带领各路军队进行平叛。

王阳明带领着临江府的那帮人正往吉安赶，半路却被数百名来历不

明的士兵围住，一群人被吓得魂不附体。还没等大家反应过来，一位长得非常凶狠的大汉站出队伍说：

“王巡抚请出来说话！”

王阳明见过世面，也练过武术，当然不会害怕。他大大方方地走出来说：“我就是，你是哪位？”

那位凶神自报家门。

“王大人好，属下是吉安知府伍文定。”

伍文定，湖北人，出身官宦世家，虽然自幼读书，但是从小不安分，生得又不像书生，虎背熊腰，十分剽悍。此人长期与黑社会流氓打交道，对付恶人手段凶残，令罪犯闻风丧胆。

这次宁王谋反，官府有胆小的官吏打算跑路。伍知府说：“你们不用太辛苦跑路，把命留下。”伍知府说干就干，真的把这几位逃命的官员给杀了。这下把大家震慑住了。大家一致认为，宁王虽凶狠，比起伍知府还差点。

在平叛的战场上，伍文定将成为王阳明最得力的助手。

## 厉害的诡计

王阳明在吉安召开第一次平叛军事会议，参会的人员是知府、知县等小官，王阳明大人自然而然成了平叛军总司令。

根据情报显示，宁王兵力有八万多，精锐部队就是王府护卫，其他皆为土匪、强盗、抢劫犯、地痞流氓等社会垃圾。

叛军是一支杂牌军，看来形势不是很坏，但是王大人没有八万兵，就连八千也没有。

王大人对宁王下一步行动进行分析后，认为他极有可能顺江而下攻打南京，如果南京丢失，半壁江山必然落入叛军之手。

知府、知县对王大人的分析判断非常赞同，他们也意识到形势非常严峻，纷纷表示向南昌进发，把宁王消灭在萌芽状态。

但是此时，宁王已不是萌芽，而是大老虎。不要说消灭他，他还打算吃掉这些人。

王大人见众人决心进攻南昌，他摇着头说："不行。"

"为什么？"

"我们没有实力与叛军抗衡，必须等待援军赶来。"

"那么，王大人，你需要多少天？"

"至少十天。"

"宁王会等十天吗？"

"必须让宁王在南昌城内等我们十天。"

知府、知县也是头脑灵活之人，他们当然明白，宁王脑子又没有进水，为什么要等十天。

王大人笑了笑说："这个事情由我来搞定吧。"

众人知道王大人在剿匪中善用计谋，但是宁王熟读兵书，手下还有谋士，如果让宁王乖乖听话，可能比登天还难吧。

众人也没有多思多想，因为想破脑袋也不知道王大人的妙计。

宁王对家乡南昌很有感情，又想得天下，又不想离开南昌。军师李士实、刘养正知道利弊关系，积极建议，要直取南京，然后夺取半个天下。宁王心动了，决定向南京进发。

然而大街小巷出现一些乱贴乱画的告示，不是治病那种广告，内容还相当精彩：

"都督许泰率边军、刘晖率京军各四万，另命南赣王守仁、湖广泰金、两广杨旦各率所部，共计十六万人，分进合击，平定宁王叛乱，沿途军民务必妥善接待，延误者军法从事！"

这文书的意思是：你宁王有八万人，我有十六万人，马上要来打你，你要做好准备。

需要说明的是此文书的人名全都真实，内容却全部虚构，除王阳明外，其他人压根不知道怎么回事。

是否进攻南京，宁王犹豫不决，因为南昌是老巢，如果失去南昌，攻下南京也不光彩啊。此时，军师李士实、刘养正进来了，这两位经过深思熟虑，认为朝廷不会这么快派兵的，这一定是王阳明的诡计。

这正是王阳明的诡计，而且才刚刚开始，更加厉害的诡计还在后面，让李士实、刘养正两位军师纵使有本领，百口莫辩。

此时，侍卫进来报告，抓住了进城的两名奸细，还从他们身上搜到了两颗特殊的蜡丸，里面藏有机密信。

宁王拆出纸条看完后，一股冷气从脊梁骨冒出，内容完全在他意料之外。

“李士实、刘养正两位先生，你们为朝廷立下汗马功劳，希望你们继续努力，劝说宁王离开南昌，进入南京，事不宜迟！”

李士实、刘养正二人看过信件后气得差点昏倒。过了好久，二人指天发誓道：“至死跟随宁王，忠心不变。”

宁王雷霆大怒：老子把你们待为上宾，难道你们还有这么一手？但是光凭这孤证也缺少说服力。

当然进攻南京的计划，两位军师不敢再提，生怕落了通奸罪名。

王阳明凭着棋牌在手，四处调集军队，在吉安府广招士兵，不管是饥民还是地痞流氓，只要能打就招进来。在短短十天内，他便召集了八万军队。

此时一个不幸的消息传来，王阳明的祖母岑氏去世了。

祖母岑氏最疼爱王阳明，但是为了报效国家，王阳明没有回家，他把对祖母的爱化成无限的思念。

王阳明有了实力，将与宁王军队决战！

宁王，“我”要亲手抓住你！

## 安庆之役

正德十四年七月，在洪都（南昌）等了十天的宁王终于发现问题，日子过了这么久，朝廷哪有十六万军队，就是十六只羊也没有看到。当王阳明招兵买马的信息传来，他才知道上当了。

宁王也不傻啊，他知道王阳明的兵力只能自保，不会贸然进攻的，于是他按照原来的计划，向南京进攻！

宁王亲率大军向南京进发，一天就攻下九江，几天就到达兵家要地安庆城下。这惊人的速度让王阳明吃惊不已。

安庆，位于南京上游门户，自古沿长江而下用兵者，若攻取安庆，南京必是囊中之物。后世，曾国藩之弟曾国荃猛攻太平天国的安庆城，可谓旷日持久，当安庆城破，他们便一举攻陷南京，太平天国覆灭。

朱宸濠虽然不知道后世太平天国被灭之事，但是他相当重视安庆之战，亲自来到城墙外，命令数万军队将安庆围得水泄不通。

朱宸濠知道时间就是胜利，攻下安庆，可以说夺下南京便指日可待。他命令军队夜以继日地攻城。

朱宸濠当王爷运气不错的，但是谋反之路上总是磕磕绊绊，之前遇上孙燧、王阳明，在安庆却遇上了杨锐、张文锦两位硬汉子。

安庆都督杨锐、知府张文锦对宁王也相当大方，他们的招待方式统一用了火枪和弓箭。宁王攻了几天，损兵折将，正在发愁之际，军师刘养正献一计说："我们刚收了一位投降官员，叫潘鹏，也是安庆人，关键与杨都督还沾亲带故，有此人出马，劝降工作的效果绝不一样。"

潘鹏清楚这份工作风险相当大，但是领导指名道姓，他不能不去。当然潘鹏兄弟也是聪明人，他向宁王建议派亲戚进去，但是宁王不答应，担心杨锐认为诚意不够。

见老亲戚潘鹏前来游说，杨锐不顾情面，翻脸比翻书还快，一刀将他杀了。

张文锦知府虽然是进士出身，手段却凶狠毒辣，把潘鹏在城内沾亲带故的亲戚都翻了出来，杀了个干干净净。

城内守军见老大老二如此狠毒，吓得毛骨悚然、胆战心惊，纷纷表示与城共存亡，军队士气大振。

见使者被杀，宁王大怒：自古两军交战不杀来使，你们太下三流了。宁王命令向城内发起总攻，亲自出马督战，来鼓舞士气，但是城内士兵在死亡的威胁下，拼命抵抗，只有拼命，才能保命。

面对宁王军队的进攻，安庆城完好无损。宁王丢脸了，十几天来连

块砖头都没挖下。他眺望城池，急得团团转，把刘养正找来破口大骂："你们这帮废物，安庆都攻不下，还说我一定会得天下！"

此刻，他才明白，当年祖宗朱权被人欺负到头，还是忍气吞声，只是因为造反这份工作实在是苦差事。

刘养正见宁王脸色难看，小心地说："咱们不能再强攻了，我有办法？"

"什么办法？"

"何不直取南京！"

此招阴毒啊！

宁王攻打安庆的消息传来，王阳明慌得不行，赶忙下令军队集结，准备出发。

在出发之前，王阳明为充分发挥集体智慧，召开军事会议。他分析了局势，提出两个方案：一是救援安庆，二是攻打南昌。

出人意料的，这次会议没有争吵，大家形成一致观点：救援安庆。

理由相当充足：宁王造反准备多年，南昌的守备十分严密，贸然进攻，很难取胜，而叛军进攻安庆失利，我们抄他们的后路，与守军前后夹攻，必然一举击溃叛军，到时候南昌不攻自破。

实在是条理清晰，说服力强，大家都认为这个策略百分之一百是对的！

可王阳明却最后总结说："这是不对的。"

鉴于王阳明一直与别人的观点不同，大家也不吃惊，听王司令慢慢说理。

"说你们不对，是因为南昌在安庆上游。我们越过南昌去安庆，南昌守军若攻击我们的后部，断我军粮草，我军腹背受敌，必然失败。安庆守军也只能自保，不可能出城攻击敌军。"

但是众人还是有疑惑：南昌固若金汤，一时如何破城？

王阳明告诉大家："宁王率全军精锐之师进攻安庆，南昌十分空虚，现在攻城，十拿九稳。"

"南昌一破，以宁王的性格必然回救，那时首尾不能相顾，宁王必败啊。"

天才啊，天才啊，打仗遇上王阳明，只能怪朱宸濠自己命不好。

## 夜战南昌

七月十七日，王阳明带队来到南昌城外，眺望这座熟悉的城池。一个月前，这里还是朝廷的管辖，他也开始了逃亡之路，好在自己从小习武，跑得比兔子还快，没有落入宁王之手。

今天，王阳明率领大队人马攻城，以解心头之恨。

大家盼望着王阳明早动手，但是他打仗非常有一套，喜欢搞一些计策，让敌人中计或上当。

谣言是贬义词，但在军事家王阳明眼里可能是褒义词。王阳明派人四处宣扬，大张旗鼓说自己军队有四十万，真敢吹牛。这王阳明还不满足，又让人宣传从福建、广东调来精锐之师，绝非传说中的乌合之众。

之前，传说王阳明军队是乌合之众还是靠谱的。

这给守备的叛军心理造成极大的压力，但是王阳明认为还不够，他让间谍去南昌城内，在街头巷尾非法张贴告示，劝说老百姓不要多管闲事（这招有实用性，宁王与当地百姓的关系较好），关好门窗，不要干扰平反。

王阳明的系列动作，让敌人惊慌失措，连自己人也是雾里看花，要打就打，有必要耍花招吗？

当然需要的。

王阳明的兵法就是用最低的代价获取最大的胜利，兵不厌诈就是他用兵的准则。

为了取得绝对胜利，他选择在夜深人静的深夜发动进攻！

一切准备就绪，王阳明召开进攻动员大会，所有将领参加会议。

大家见平时和蔼可亲的王大人，突然杀气腾腾地下最后命令："这次攻城我为主帅，亲自督战，一鼓令下，靠城；二鼓令下，登城上；三鼓令下，开城门。未执行者，杀无赦。"

会场鸦雀无声，众人心情也很沉重：本来有说有笑，但是这次却是

动真格的，若攻城不成，小命可能要不保。

王阳明作了这么周密的布置，然而结局却完全超出他的意料。

深夜，突袭正式开始。

王阳明一声令下，潜伏在城下的士兵即刻发动进攻，一个个如爬墙虎向城墙爬去。

爬墙的士兵相当顺利，未遇上阻拦，直接到了城头。在他们正开心得意之际，比他们还开心得意的士兵却在城下喊他们。

“兄弟们，你们多费劲啊，城门没关闭！”

这真让人哭笑不得。

除此之外，王阳明还多做了几件不该做的事，比如什么预备队、救援小组都白准备了。有人说，这次最冤枉的还是王阳明。

王阳明的军队在进宁王府前，遇到了强烈的抵抗，但抵抗的只是小股部队，是宁王的亲信部队，而大多数军队已经逃命去了。

官军很快将抵抗的军队全部杀掉了，得胜的官军在宁王府进行了烧杀抢掠。这些士兵多是流氓强盗出身，招兵时间紧，没有政审，王阳明吃了不政审的亏。这些人把宁王府的金银财宝抢了个精光，而且点了一把火，顺手烧了宁王府。

这把王阳明吓了一跳，这哪里是官军，分明是土匪强盗所为，传到京城，自己要有牢狱之灾啊。

王阳明抓了几位带头之人，拉出去斩首示众。因为抢劫之人实在太多，只能抓几个带头的，这才把这些流氓强盗士兵给镇住了。

王阳明虽得了南昌，但是一直忧心忡忡，不是担心宁王杀回来，而是怕他不理睬南昌城。

然而探子回报了一个极好的消息：宁王率领所有主力撤回，准备前来南昌，与王阳明一决雌雄。

之前宁王在安庆苦苦挖城墙时，就听到了一个非常坏的消息：王阳明带人攻下了他的老窝——南昌城。宁王气得差点昏倒，恼羞成怒之下，决定撤退，夺回南昌城。

但是两位军事专家不同意，他们就是李士实、刘养正。两人提出一个让王阳明最害怕的方案：不要理睬南昌，攻下安庆，直取南京。

这条路未必行得通，但这是宁王的唯一可行之路。

可惜宁王还是讲感情的，南昌是生他、养他的地方，感情实在太深，没有南昌，就算得到半个天下，又有什么意思啊？

王阳明，这只拦路虎，我要杀了你！

## 诱敌深入

正德十四年七月二十三，朱宸濠的先头部队乘风破浪抵达樵舍（江西新建樵舍镇）。朱宸濠有理由相信，虽然王阳明得了南昌，但是灭他易如反掌，自己有八万精兵，而王阳明只有凑数的杂牌军，许多官兵都是混饭吃的，根本不会打仗。

但是王阳明充满信心，认为必定胜利。他派出吉安知府伍文定、赣州都指挥余恩出战迎敌。伍文定、余恩带了九百士兵坐着小船出发了，而朱宸濠先头部队有两万人，九百对两万，不用朱王爷说，大家也知道战果。

朱宸濠的先头部队首领凌十一，发现了世界上最可笑的“呆鸟”，因为他发现伍文定、余恩两位将领把自己的部队远远甩在后面，而向他这边前来。这是天赐良机，他马上坐战舰发动进攻，伍文定、余恩两位将领见敌军进攻，马上溜逃。凌十一带队马上追赶，但是后面战舰也没有得到命令，也不知道前面发生了什么情况。

这是兵法上的诱敌深入啊。朱宸濠先头部队马上遭遇了王阳明三路部队的围剿。朱宸濠在舰船上看得清清楚楚，他有一种武器可以把王阳明部队毁了，这种武器叫大炮。但是朱宸濠兄弟也是有血有肉之人，两军作战过程中，炮火的杀伤面积较大，这一炮过去，杀伤敌人，也会害死自己人，这笔账怎么算也不划算。

王阳明的武器虽然小，但是优势出来了。他的小火枪发挥了威力，见一个杀一个，把朱宸濠的士兵当成靶子练习，把朱王爷的士兵杀得哭天抢地。

朱宸濠大部队赶到时，王阳明军队已经逃离，但是这对朱宸濠来说并不是好事。一连数天，朱宸濠军队人心惶惶，他的士兵大量逃亡。王阳明用了什么诡计，让敌军士兵逃亡。其实很简单，只是一块木牌，在木牌上写着“免死”。许多机灵的士兵，见到免死牌，像遇上护身符，他们认为朱宸濠虽有钱，却没有大明王朝多，军队也一样。这是一次弃暗投明的机会，他们怎么会放弃啊。

朱宸濠将部队重新集结完毕后，得知了一个消息：明天王阳明来袭。朱宸濠领教了王阳明的诡计，他知道情报可能有假：今天晚上也要做好准备，万一狡猾的王阳明来个夜袭，我军吃不了兜着走啊。

朱宸濠命令军队设下埋伏，防止王阳明军队突袭，王阳明打仗，从不喜欢光明正大，善用诡计正是他的特长。

当伍文定带领数千精兵来到朱宸濠军营前时，一声大炮而起，朱宸濠军队打着火把、排着整齐队列出来了。宁王也不傻，王阳明的诡计用多了，人家会识破。

伍文定望着眼前黑压压的敌人，十分镇定地下达命令：“逃跑。”

宁王军自然不会错过立功受奖的机会，由闵廿四带领数万人沿着鄱阳湖西岸向王阳明军帐猛扑过来。

王阳明节节败退，无法抵挡。朱宸濠开心啊，这是他谋反以来最开心的一刻，终于可以打败王阳明了。然而仅仅是一刻钟时间，朱宸濠慌张起来，因为他发现部队开始混乱，难道又中了王阳明的诡计。

是的，又中计了。这年头，遇上王阳明，并把他当成敌人，算你倒霉透顶。

伍文定逃跑是一个精心设计的圈套。他的目的就是吸引朱宸濠军队离开军营。

当朱宸濠军队追赶伍文定时，瑞州通判胡尧元带领军队设伏。当伍文定军队逃过，他不接应，朱宸濠追兵过来，他也不截击，等到朱宸濠全部追兵过了，他就从背后开始捅刀子。

朱宸濠军队正在兴高采烈地追杀，突然背里被人使黑手，连劈带砍，在这个夜里，谁也没搞清是怎么回事。

此时前面的伍文定也不逃了，他重整旗鼓，又杀了回来。在前后夹击之下，叛军惶恐不安，为了保命也只得拼死抵抗。

然而王阳明的戏才刚开始，他早命临江知府戴德孺、袁州知府徐琏各带千名士兵埋伏在敌军两翼，向朱宸濠军发动猛烈进攻。

在这个黑灯瞎火的夜晚，叛军兄弟实在撑不下去，伸手不见五指的天色帮了大忙，让他们多数逃走。当然阵亡者也不少，有两千多人。

宁王打了败仗，于是退守鄱阳湖东岸的八字脑。八字脑是完美的，但是宁王称帝霸业的八字，还是缺一撇。

宁王知道还有一个绝招，只要用上这一招，不要说王阳明，就算全天下，也无人可以对抗。

## 拼死恶战

宁王带着残兵败将返回八字脑，与李士实、刘养正分析形势，自己的实力比王阳明强多了，为什么会打败仗，因为王阳明会使诡计。这样下去，自己必定死路一条，与其被算计而死，不如作最后一搏。

宁王的最后一招就是重赏有功之将士，他拿出金银珠宝，堆放在众人面前，凌十一、闵廿四虽然专门搞过抢劫，但还是第一次看到这么多宝贝，看得双眼发绿啊。

宁王说："带头冲锋者，赏千金。受伤者，赏百银。只要获胜，所有的珠宝都是你们的。"

将士兴奋极了，他们佩服这位老大大手笔，其实他们不知道宁王的真正想法。富甲天下的宁王已无计可施，他想手下替他卖命，只得拿出所有的家当。这种行为还有一个不好听的名字，叫赌博。

赌徒从来不在乎钱财，他只关心输赢。

宁王亲自带队进攻，在金灿灿的真金白银面前，将士们那火热的士气被点燃了。

在宁王军队猛烈进攻之下，王阳明先头部队是伍文定指挥的，这位硬汉在战场从来不怕死，但是这次士兵伤亡不少，队伍出现混乱，眼看

顶不住了。

宁王又令九江、南康守城的部队倾巢出动，合力围攻王阳明部。失去南昌之后，九江、南康是他唯一的根据地，如果这两处丢失，自己将成为流浪汉。

管不了这么多，棺材钱也用上了。王阳明，跟你拼了！

伍文定见士兵在后撤，有些人要溜之大吉。伍知府虽是文官，却是一位猛人。他拔剑出鞘，大喝一声："以此为界，后退一步立斩不赦！"

大家见平日里很好说话的伍知府换面孔，正琢磨不清：是不是伍知府吓唬我们啊？

也有胆大包天的士兵，在困难面前带头逃离。伍文定真不含糊，手起剑落，一连斩了七八个士兵，才把这股逃跑之风煞住。

士兵们清醒了，横竖都是死，要死也要死在敌人的刀枪之下。

于是士兵们抖擞精神，重新投入战场，两军相持在一起。伍文定见不能击溃对方，便亲自带头向敌人冲锋。王阳明一方逐渐占据上风。正当伍文定认为快要胜利之际，湖里传来巨响，无数铁弹从天而降，伍知府哪有防备啊，军队损失惨重。

原来宁王在远处观战，见王阳明占据优势，就命令开炮。许多士兵面对炮火，都丧失了斗志，但是伍知府却不怕炮火，他脑子里只有胜利。据史料说，他胡子被点燃了，还一动不动，继续指挥战斗。

双方打到黄昏，都已精疲力竭，还难解难分！

王阳明也有火炮，这发挥了极大的作用。他向朱宸濠军舰开炮，虽然没击中宁王的军舰，却打中了副舰。

这把宁王吓了一跳，开始带人撤退。

宁王退到一个叫樵舍的地方，从前几轮战斗中，他知道自己根本不是王阳明的对手。这个人太狡猾，怪不得江西土匪被他搞定。

既然走上这一条路，没法回头，也不可能回头，天下虽大，又没自己的逃生之地。

宁王站在江边，想了好久，终于有了一个团结一致的战术，就是把战舰接起来，若攻打了一条舰，其他战舰还可以来救援。

宁王马上实施新战术。然后召集手下开军事会议，总结失败的教训，畅谈以后的成功。

突然，外面士兵大喊：“火！大火！”

昨天晚上，王阳明得知宁王连舰之计后，就启动了火攻方案，由伍文定派人点火。起火后，兵分三路向宁王军发动总攻。

宁王见手下烧死的烧死，淹死的淹死，望着源源不断冲杀过来的官兵，他知道败局已不可挽回。此时他作出决定：逃跑。留得青山在，不怕没柴烧。

因为王阳明的聪明、狡猾，会使计策，宁王最终失败了，他将为他的行为付出高昂的代价。

宁王带着几名亲信涉水逃上岸，后面追兵紧跟而来，宁王躲进了小树林，见没有官兵，他想王阳明不过如此，如果此地埋伏军队，自己将成为俘虏。然而此时，外面响起一阵脚步声，宁王抬头一看，自己被官兵包围了。

官兵正想去抓人，宁王高声说：“我是王爷，你们谁敢动手？”

官兵被震慑住：人家是王爷，与皇帝是一家人，不可以动武，万一出了事情自己就麻烦了。

但是官兵也不敢放了他，王大人的命令谁敢违反。

于是，宁王骑着高头大马进城了。

许多奸恶之徒，死到临头也没有忘记威风。朱宸濠就是其中之一。

高级囚犯朱宸濠骑着马进入军营，见到王阳明，笑嘻嘻地和他打招呼。

“这些是我的家事，你何必费心费力呢？”

“我会把你交给陛下处置。”

“啊，不用吧。”

王阳明想到孙燧被杀，想起他发动的战争，害死无数百姓，让众多战士战死，于是把他绑了起来。

朱宸濠面对绝境，求饶了。

“王先生，我愿意去做一个老百姓，可以吗？”

“不行。”

“那怎么办？”

“依国法处置！”

“悔不听娄爱妃之言啊，娄爱妃为此事跳河而亡，希望王先生看在师承一脉的面子上，给她厚葬。”

“这个你放心吧。”

娄素珍娄妃就葬在南昌德胜门左侧，碑名“明故宁王庶人娄氏之墓”。

朱宸濠这才后悔自己好日子不过，非要去做这种身败名裂、永世不能翻身的事情。可是一切都已经晚了。

朱宸濠，世上从来没有后悔药啊。

# 第十六章　御驾亲征

## 定要亲征

当朱宸濠造反的消息传出，京城的老百姓虽然惊讶，但是并没有恐慌，他们相信京城是暂时安全的，因为凭朱宸濠的实力近期打不过来，最多拿下南京，自称帝王，与朱厚照平分天下。

朝廷的众多高官与百姓不同，他们非常紧张，大多或明或暗收过朱宸濠的礼金。假如朱宸濠兄弟让他们潜伏，那就麻烦了，自己的身家性命押在这位兄弟身上，实在不靠谱，可不配合也不行。不能指望朱宸濠有多讲信义，现在是没把他们捅出来，可这小子连造反这种大逆不道的事情都干，还会有什么顾忌呢?

王琼虽然收过许多礼，收得手软，但他却从来不拿朱王爷的钱财。当他得知朱宸濠举事之后，向妻子说："这小子我盯了好久，终于现形了。"

妻子说："假如造反成功怎么办？"

"放心，不可能成功的。"

"为何？"

王琼拍着胸脯解释说："你不必担心，我派王阳明镇守南赣，就是为朱宸濠造反作准备的。"

"说说容易，王阳明行吗？"

"当然不容易，但是王阳明这个人是奇才，遇上他，朱宸濠就自认倒霉吧。"

对“玩家”朱厚照来说，这却是一次天赐良机，他可以借出征平乱之名，出趟远门好好玩玩。自从当皇帝之后，虽然权力非常大，但是人身自由受到限制，出趟远门都难，不是太后不同意，就是大臣们喋喋不休，吵得你不听不行。高高的皇位谁都想坐，但是朱厚照认为当皇帝是份苦差事，不如老百姓那样自由潇洒。作为皇帝，吃穿住行也要遵守各种规则，听从专人的安排，自己无法越雷池半步，实在大大的无趣。

朱厚照横下一条心，这次一定要御驾亲征，而且做到游玩与工作两不误的最高境界。

朱厚照御驾亲征的决定一出，朝廷便炸开了锅，文武百官争先恐后上书，反对皇帝亲征。他们太了解这位兄弟，从小到大只知道玩，哪里会布兵打仗，分明是借平乱之名，去浪费国家财力物力人力。

看来忠臣还是很多的，但是遇上昏君，再多的忠臣也无济于事。

朱厚照根本听不进众爱卿的劝谏，他一门心思想出门游山玩水，现在有了这个机会，怎么肯放弃呢？大臣们见自己人微言轻，就去请求首辅杨廷和大人，他们相信，只要杨廷和先生出面，朱厚照就得乖乖听话。因为杨廷和不仅是朝中第一号大臣，而且又是朱厚照的老师。朱厚照虽然读书不怎么样，但是对杨老师却相当尊敬。

朱厚照知道这个王朝是杨老师帮忙打理，杨老师是相当辛苦的，尊敬他是应该的。

然而杨首辅却对众人说：“这次我不去。”

“为何啊？”

“我劝说也没有用啊。”

杨廷和先生神童、状元出身，看问题相当精准。

要从千变万化的表面看到的事物本质或者梳理规律非常不容易，但是杨廷和先生做到了。

其实朱厚照这次亲征，也不缺乏支持者，而且也不少，当然这些人都有一个响当当的称号，统一称为马屁精。马屁精中有一人，此人把拍马屁当成手段，目的是坐上高高在上的第一把交椅，为了让朱厚照配合自己的计划（朱厚照当然不会知道此人的目的），他在朱厚照身上花费了不少心血，此人就是江彬。

大臣们再三反对御驾亲征，江彬则一再支持皇帝亲征。作为武将的江彬，因为善于讨皇帝欢心，早已成为皇帝身边的大红人。

一切准备就绪后，皇帝朱厚照下了圣旨：

命令总督军务威武大将军镇国公朱寿统率大军征剿！

怎么是镇国公朱寿出马了？难道皇帝不御驾亲征了？

不是的。

这个镇国公朱寿，非他人也，就是朱厚照。朱厚照为了好玩，给自己起了个名字，还封了官职。

朱厚照穿着闪亮的铠甲，风光无限地踏出正阳门，内心非常激动，然而一个坏消息报来。

朱宸濠王爷被王阳明打败，被生擒活捉了。

多么晦气，好不容易盼来出征，却让王阳明给解决了。虽说王阳明打破美好的计划，他非常不满意，但此人毕竟是朝廷有功大臣。

杨廷和大人带着众官员来拜见皇帝，杨大人想这次可能会把这个贪玩的大哥请回来。

“逆臣朱宸濠已被王巡抚所擒，请陛下回朝。”

朱厚照想到这次回去，以后有没有机会再出来就难说了。

朱厚照能力、水平比后世的康熙、乾隆差多了，后者随便找个由头，比如说什么微服私访，便可以下江南，还成了老百姓争相盼望的偶像。他们流传下来的历史故事，被拍成电影、电视剧，在现代社会也有着众多粉丝。

江彬见有人毁掉自己的伟大计划，非常愤怒，他苦苦思索，马上有了应对杨大人的点子。

“陛下，朱宸濠虽受擒，但是他余党未尽，我们该出兵消灭余党啊！”

“对，对，消灭余党！”

杨大人痛苦地闭上双眼，他有一种不祥的预感，皇帝可能要出事，但是凭他的能力已劝阻不住。

就这样，朱厚照带着十万大军浩浩荡荡出发了。朱厚照将享受无尽的乐趣，也将遭遇去鬼门关的危险。

朱厚照！幸福和痛苦正在前面静静地等着你。

## 因公结仇

朱厚照亲征的消息传开，地方官员也极力反对。

明朝这批官员平时喜欢拉帮结派，有时为排除异己，还乱告状，但是他们也有值得赞赏的优点，比如敢于坚持原则，敢冒砍头的风险阻止皇帝、骂权奸宦官，这些实属不易。

当朱厚照走到通州，保定府御史奏折被送上来，说是路上危险，希望皇帝回去。

朱厚照看了一眼江彬说：“怎么办？”

江彬说：“陛下率领十万大军，还会有什么危险？不用理他们。”

朱厚照点头微笑。

队伍过了保定，还没有走入山东地界。山东御史的奏折也被呈上来了，请求皇帝回朝。

朱厚照不予理睬。

江彬非常高兴，他的阴谋诡计即将得逞。江彬是一位武将，他靠打仗起家，作战相当勇猛，在战场不畏生死，后来被朱厚照相中，当了贴身大侍卫。在江彬彬彬有礼的外表下，有一个难以想象的目的，他不仅要朱厚照的恩宠、金钱，还要他的命、他的江山。

在反对朱厚照亲征的奏折中，王阳明有一份，那是一封长长的奏折，不仅要皇帝注意外面的敌人，也要注意潜伏在身边的敌人。这让做贼心虚的江彬吓了一跳，难道王阳明掌握了什么证据。不可能的，绝对不可能。江彬聪明绝顶的脑袋快速作了决定，现在是关键时刻，不能自乱阵脚。

江彬对王阳明一直以来很尊重，王大人剿匪成功，又打败了朱宸濠，他的能力让江彬赞叹不已。但是现在王阳明是自己的敌人，如此厉害的敌人威胁自己，最有效的办法就是赶尽杀绝。

王阳明这份奏折指的潜伏敌人不是指江彬，而是朱宸濠的余党，但是江彬兄弟对号入座，这谁也没有办法。

王阳明虽然肺病时有复发，长得瘦弱，身体较差，但是脑袋好使啊。他不仅精通兵法，擅长权谋，而且很会做人，与京城官员们称兄道弟，尤其与兵部尚书王琼关系相当铁。总之，王阳明不仅智商高，情商也高。

江彬下令锦衣卫追查王阳明的问题，但是锦衣卫查来查去，始终没有发现王阳明的违法犯罪证据。

江彬嘿嘿一笑，对锦衣卫说："来日方长。我要玩猫捉老鼠的游戏，慢慢整治，最后除掉他。"

还没等江彬整倒王阳明，王阳明便主动送上来了。他又给朱厚照写了一份奏折，说抓住了朱宸濠，建议押解南京，在那里举行献俘仪式。

在王阳明的简单建议中，隐藏着极为深远的考虑。他主要希望皇帝不要去江西，而是在南京见朱宸濠。这十几万军队真要去江西，吃吃喝喝加上打劫捞外快，老百姓将被折腾得很惨。

南京是第二个都城，大城市，在这里搞仪式，不仅非常有面子，而且快点完事后，皇帝也可以早点回去。

朱厚照看了一眼奏折，就丢给了江彬，询问江彬的意见。

江彬看懂了，他完全明白王阳明的良苦用心，知道王阳明替百姓着想，不愿再生事端。

然后江彬却对皇帝说："绝对不可以这样。"

"是啊，你有什么好建议？"

"皇上率领千军万马出征，绝不能空手而归啊。"

"但是朱宸濠已被抓住了，还能去打谁啊？"

"我有办法。"

“快说”。

“把朱宸濠放回鄱阳湖，陛下再去抓一回。”

如此没有原则性的主意都敢出，也算坏人中的极品。

朱厚照只知道玩，当然同意了江彬的提议。

这个不幸的消息传到王阳明耳朵里，王阳明知道江西的百姓又要受难了。他非常痛恨江彬，确认江彬是一个阴毒的小人。

但是皇上的决定，你能改变吗？当然不可能，你也不用跟皇上去讲道理，皇上怎么会听你的话呢？

王阳明想：江彬这小人在皇上身边一天，皇上就会受他蛊惑，一定要把这小人赶下台。但现在不是时候，不要说赶他，就连自己的命运都掌握在江彬手中。

经过一夜的苦苦思考，王阳明也没有找到让江彬失宠或下台的办法。但是王阳明想到江彬可能会对自己下手，个人的事情是小事，那十几万军队去江西要吃要喝，江西老百姓要受罪，这才是大事。王阳明想到一个人，只有此人出马，才能解决问题。此人就是除掉刘瑾的太监张永。

## 拜见张公公

王阳明带着朱宸濠离开了江西，直奔杭州，当然他也知道即使朱宸濠不在江西，有江彬的唆使，朱厚照的军队也还会奔赴江西。

王阳明去杭州就是去拜见大太监张永，张永身为皇上的先遣部队已经到达杭州。

对于张永此人，我们应该熟悉的，他有时也干些坏事，不是一个好人，但他有时也讲道义。十年前，就是他和杨一清一起合力除掉刘瑾的。

正是这个出色表现，让王阳明认为张永是一位有良心的太监，希望他良心发现，帮老百姓一次忙。

王阳明带着手下去拜见张永，没有带礼物。手下问：“听说张公公接见官员是要送礼的。”

“我不送礼。”

“他可能不会接见王大人。”

“我有办法。”

“张公公会帮我们吗？”

“当然啊！”

王阳明这个想法还是正确的，以他的收入向张公公送礼，就是把老婆的首饰当了也是送不起的。

王阳明来到张公公的住所大门外，要求见张公公。守卫听说是王巡抚，也不敢怠慢。王阳明王巡抚的名头实在太响。

正当王巡抚在门口考虑见面措辞的时候，守卫给了他一个意外的答复：“张公公身体不舒服，不见。”

张永知道王阳明此刻来见，一定有要事相求，听说此人很会打仗，是一个人才。但是不带礼物前来，说明此人不懂规矩。不懂规矩之人，张公公没有理由接待。

王阳明作为巡抚，被一位太监拒绝门外，他有些生气。但是他要替江西老百姓办事，这些委屈算什么？

他面对紧闭的大门，没有退缩，而是上前几步，大声道：“我是王守仁，为黎民百姓而来，开门见我！”

王阳明虽然身体欠佳，但是他的嗓门儿极大，声音穿透沉默的大门，回荡在庭院之中，震动着院内每个人的内心。

王阳明的勇气和坚强来自那颗装着百姓的心。

突然，大门“吱呀”一声打开，张公公出现在眼前。

张永端详了一遍王阳明，表面风轻云淡，内心惊涛骇浪。他心想：传说这人会使阴招，我得小心点，便问道：“王巡抚有何贵干呀？”

“江西的百姓经历朱宸濠的叛乱加上天灾，日子相当艰难，现在大军去江西，兵饷粮草供应不足，可能会出现民变啊！”

“哦！”

“张公公深得皇上信任，希望您能劝驾返京，江西老百姓会感谢张

公公一辈子的！”

“哈哈，我有什么好处？”

“事成之后，百姓会感谢张公公的。”

“江西百姓更要感谢王巡抚啊。”

“张公公，希望您能帮这个忙。”

“帮忙可以的，但是我有一个条件。”

“什么条件？”

“你把朱宸濠交给我。”

朱宸濠是邀功领赏的珍贵礼物，谁都希望捏在手中。

王阳明愣住了，半晌，突然仰天大笑。

在这突如其来的笑声中，张公公愤怒了，他明显感到一种前所未有的羞辱。

张公公用饱含杀气的口吻说：“王大人为何大笑不止？”

王阳明非常认真地说：“那人自然要交给张公公的，我来就是完成这个任务的。”

王阳明说完，等待张公公的回复。但是这一次却把张公公搞糊涂了：王阳明这小子，到底要什么？他孤身起兵平乱，事成之后，不计功劳，不求富贵，那他要什么呢？

这个问题，张公公想不明白也实属正常，他与杨一清合作铲除刘瑾，主要原因是刘瑾大权在握，处处刁难自己，杀掉刘瑾，他才能得到宫中太监大权。没有实惠的事情，傻瓜才会去干？

经过一夜的思考，张公公终于重新认识了王阳明：世界上还有不计个人得失，一心替百姓着想的好官。

王阳明，我帮你！

## 锦衣卫的嘴脸

当江彬得知王阳明去了杭州，他吃惊不已，如果他向张公公讨好，把朱宸濠献给了张公公，自己就没有功劳了。他一定要抢在前面，把朱宸濠捏在手中才放心。

江彬派出锦衣卫大刘出马。大刘得知去地方办事，当然高兴不已，这是个肥差，每每与地方官员接触，虽不能说满载而归，但也收获不小。地方官员都得小心伺候，唯恐不小心得罪本大爷，回去狠狠告恶状，让你欲哭无泪。

但是向王阳明要钱，确实是件不容易的事情。

王阳明听说锦衣卫来要朱宸濠，他表示身体欠佳，不见；还说，人已经给了张公公，去向张公公要吧。

这个刘兄弟当然不敢去找张公公，人要不到，但是他没有走，要意思意思。老子好不容易过来办事，你得表示表示，这是给你机会啊。

王阳明没钱，有钱也不想给。

但是见锦衣卫兄弟确实辛苦，他还是给了钱，不多，就五两银子。

锦衣卫大刘拿着这五两银子，简直不相信这是事实，他非常愤怒：你把老子当叫花子了。他举起银子，用力砸在地上，扬长而去。

这下王阳明麻烦了，得罪锦卫衣大刘，他回去自然会颠倒黑白，极力进行诋毁，让王阳明丢官丢命才罢休。

手下替王阳明担心，但是此刻送钱送物已经来不及了。

王阳明见大家紧锁眉头，怡然自得地说："我想到一个办法，可让这个锦衣卫不告黑状。"

锦衣卫大刘官级比王阳明低，按照官场规则，回去前，他应该辞行的。次日早晨，锦衣卫大刘果然来了，但是脸色相当难看，正欲说几句难听的话。

等候多时的王阳明从庭院走出来，快步向前紧握住锦衣卫大刘的双手，满脸笑容地说："老兄，你是好人，我住过你们锦衣卫的大牢（刘瑾下令关押），你的同事我也见得多了，但是像你这样有正义感、清廉的，还是第一次见到。"

这把刘兄弟搞蒙了，王巡抚葫芦里卖的是什么药。

"我知道老兄跑来跑去辛苦，给你准备了一些酒水钱，但是老兄如此廉洁，分文不收。我一定给老兄写一篇文章，让天下人都知道老兄

的清廉啊！”

锦衣卫大刘当然知道王阳明文笔出类拔萃，虽然他知道里面有开涮的成分，但是能得到王巡抚的赞扬，也可以扬名天下，比区区千两银子还划算啊。

王阳明这一套办法，就是他举世无双的知行合一心学。

锦衣卫大刘回去向江彬报告，说朱宸濠被张永带走了。

江彬一听张永就头大，这位张公公也是皇上身边的大红人，而且很阴险，除掉过大公公刘瑾，这种人自己不得罪为妙啊。

王阳明这家伙从中作梗，江彬非要把王阳明搞倒不可。搞倒一个巡抚，不能仅凭一两句诬陷的话，当然还要有证据。江彬命令锦衣卫大刘带人亲自调查，拿不出证据，就编证据，编不出来，就不用回来了。

大刘是聪明人，没有证据，编些出来是不成问题的。

锦衣卫办事效率极高，不久便罗列了王阳明一大堆问题，条条都是重罪。当江彬看到这些罪状时，“嘿嘿”一笑：王阳明，跟我斗，你还嫩了点。

具体罪名如下：

一、宁王赏识王阳明，派刘养正前去联络，并许诺给更大的官职。

二、王阳明派出得意弟子冀元亨进宁王府，为其牵线搭桥进行密谋。

三、王阳明将宁王爱妻娄妃厚葬，说明他与宁王关系非同寻常。

四、宁王府金银财宝如山，王阳明带人攻打后，金银财宝却不见了。

江彬拿着这份奏折向朱厚照汇报。他想：王阳明，你犯的条条都是死罪，这回神仙也救不了你。

朱厚照非常认真地看了奏折，然后亲切地对江彬说：“其他人我不敢说，王阳明这个人，是好官，我信得过，你不必再说了。”

江彬脑袋也糊涂了，朱厚照从来都听从自己的意见，这回竟如此明事理，一定有人在背后捣鬼。

没错！此前，张永曾向朱厚照汇报，说王阳明是国家栋梁、绝对的忠臣，陛下要保护他。

见不能拿下王阳明，江彬就把王阳明的弟子冀元亨拖了出来，说造反前他去宁王府里待了一段时间，非常可疑。

朱厚照说：“这人可以去查处。”

冀元亨虽然人在绍兴，但还是被锦衣卫抓去了。他们要求冀元亨交代会同王阳明串通宁王谋反，冀元亨没有做，当然不会承认。

王阳明得知爱徒被抓，想来想去，只有请张永出马相救。

当张永听到这个请求时说：“你王阳明是功臣，还给我送来朱宸濠，我才帮了你，现在凭什么让我去帮冀元亨。”

“凭你的良心。”

张永笑了，“看来你的劝服力极强的，我试试吧。”

张永确实找过江彬，但冀元亨已经去阎王殿报到了。

在生不如死的酷刑面前，冀元亨没有向敌人投降，他进行了顽强的抵抗。他即便自己流血流泪，也绝不连累王老师。经得起肉体摧残的人，是值得我们尊敬的。当王阳明派人接他时，他已经被活活折磨死了。

王阳明一生浩然正气，不欠人情，但冀元亨例外，他是王阳明唯一说过对不起的弟子。

# 第十七章　除掉江彬

## 张忠刁难

江彬把冀元亨打死在锦衣卫大牢，但他并未就此收手，因为他还远远没有解气，非除掉主角王阳明不可。现在王阳明有张公公相助，动他确实难，但是江彬从来不会在困难面前低头。

江彬想：必须把王阳明支开，图谋大计才能顺利实现。王阳明这只老狐狸不回去，万一看出端倪，不要说前功尽弃，自己也将死无葬身之地。

王阳明重新回到那块自己热爱的土地——江西，江彬却再次伸出吃人的魔掌。他派出锦衣卫头领、精英人物张忠，在江西策划整倒王阳明。他们要让王巡抚痛苦地认识到：成在江西，败也在江西。张忠虽位居江彬之下，但是能力、水平一流。他来到江西南昌查王阳明的问题，然而王巡抚做事谨小慎微、滴水不漏。张头领查来查去，找了十来天，也没有发现王阳明工作上的瑕疵。张头领平时经常整人，这方面有丰富的经验，他马上调转方向，居然从王阳明的私生活着手，他相信，只要是人，总有弱点，但是最后的结果却让他差点去撞墙。王阳明不逛妓院，对赌博也不感兴趣，是一位遵纪守法的良民。

张忠毕竟是老手，此路不通，他另辟蹊径，这次从王阳明身边人着手，最佳人选就是知府伍文定。此人是王阳明的铁哥们儿，只要他开口，王阳明问题就水落石出。他当即派人抓住伍文定，要他交代与王阳明勾结的罪行。

可是伍文定并不是好欺负的，在战场上都不怕凶恶的敌人，心里更是看不起锦衣卫那帮人。刚被绑上，伍文定便跳着脚大骂：“老子为了平定朱宸濠叛乱，爹娘生病也没有回去，你们竟然冤枉忠良，想给朱宸濠报仇吧。”

这哪里是锦衣卫办案，分明是伍知府审问犯人。

“哈哈，原来你们是反贼的同党啊！”

这一招真厉害，把张忠吓得魂不附体，反贼的黑锅谁肯背啊，最后不得不把伍文定给放了。

张忠是狡猾之徒，从伍文定那边捞不到东西，他想到另外一些人，只要锦衣卫的大刑具摆放在这些人眼前，要什么就让他们说什么，而且可信度也高，因为这些人就是朱宸濠的同党。

但是这次奇怪了，无论怎么审问，反贼都不敢冤枉王阳明。他们清醒地知道王阳明是凶狠角色，惹不起啊。

张忠一连三招毫无进展，该怎么向江彬交代，他急得团团转。当天晚上他失眠了，经过一夜的苦苦思考，他想到一个含金量很低的办法，派人在南昌城街头寻衅滋事，希望挑起事端，引起百姓上访或罢工，他便可以趁机上报朝廷，说王阳明治理地方无能，不配当巡抚。可是王阳明是何等角色，他早派官员暗中盯梢，掌握动态，维护社会稳定，当然不会酿成什么乱子。

张忠不见成效，并未气馁，学着孩子耍无赖的样子，骂街。他派人去王阳明家门口骂人，而且搞了一个三班轮番，一天十二个时辰，每时每刻都有人骂街。这帮京城来的官兵，打仗不行，但是骂人却非常有一套，什么难听、恶毒之话，他们都敢骂。

谁遇上这种情况都会受不了的，但是王大人很会忍，可以说忍辱负重，从不计较，而且还热情主动去招待，由专人送水送饭。时间一长，这帮人也不再谩骂。张忠催促继续，但是他们站在王阳明家门前，呆呆站着，就是不骂人，不是不敢骂，而是不好意思。有句古话说：拿人家手短，吃人家嘴软。

张忠感觉王阳明实在难对付，他经过几天几夜的思考，终于想到一个绝妙的点子。只要用这招，王阳明再有本领，也难以躲闪。

张忠找来王阳明问："朱宸濠在南昌经营多年，家财万贯吧。"

"是啊！"

"既然这样，为什么抄家所得非常少，钱财都去哪里了？"

面对一脸凶相的张忠，王阳明沉思一阵说："张大人，我有事与你商议。"

"哦，快说。"张忠得意至极。

"我们在朱宸濠那里找到一本账目，上面记载了财物的去向，还列记了很多收钱人的名字。张大人要不要看看？"

张忠脸色变白，全身哆嗦，没有说话。因为他知道，这个账本里必然有一个名字叫张忠。

说到这个账本，它也是朱宸濠一生的杰作。以前他大把大把送钱，李士实看不下去，心疼地说："花钱要节省啊。"

朱宸濠却笑着说："这些东西，以后我自然会拿回来。"

朱宸濠的意思很明白，夺了天下做了皇帝，把行贿的钱再收回来。

为了方便收回钱，他每送一笔，就记下时间、地点、人物。

张忠看着王阳明急切企盼的样子，哭笑不得，支支吾吾说："不必了，不必了。"

"真的不用了吗？"

"不用了，不用了。"

张忠从此有了心理阴影。作为锦衣卫高官、江彬手下头号人物，他还从来没有吃过这么大的"亏"。

必须给王阳明点颜色看看！

张忠绞尽脑汁，终于发现王阳明身上的弱点，就是瘦弱。这也是计策，张忠黔驴技穷了。

许多人认为军事家王阳明身强体壮。其实不然，王阳明体弱多病。史书上说，他一直患有肺病。

张忠望着瘦骨嶙峋的王阳明，这次一定让他出洋相，然而结果却是他万万想不到的。

那天，张忠请王阳明看锦衣卫训练。王阳明从不害怕锦衣卫，便爽快答应，然而面对他的却是一次真正的考验。

王阳明去时，锦衣卫在练习射箭，王阳明刚坐稳，张忠便拿了一张弓过来，请王阳明射箭。

王阳明说："我射得不好，算了吧。"

"这个嘛，王巡抚一定要射，你不射，我太没面子。"

用射箭来难为王阳明这位文人，是张忠自以为是的妙计，真不知道他脑袋是怎么长的。

本地官员替王阳明捏了一把汗，锦衣卫却等着看弱不禁风的王阳明出丑。

只见王阳明屏声息气，搭箭，拉弓射出，正中中间红心。

运气真不错。

四周鸦雀无声。

王阳明深吸了一口气，射出了第二支箭，同样中了中间红心。

啊！这次张忠的下巴快丢了，这位瘦弱的文官，箭法比我们锦衣卫还精准啊。

王阳明射出第三支箭，再次中了中间红心。

王阳明把弓还给张忠，当他返回座位时，突然场地上发出震耳欲聋的欢呼声，锦衣卫们佩服眼前这位奇人。没有人会想到，彬彬有礼、和蔼可亲的王阳明还有这么一手。

在欢呼声中，张忠恐惧了，他意识到原先的帮手不会帮他作恶了，甚至有可能会帮王阳明。

在江西没有收获，也不会有收获的张忠灰溜溜地走了，然而王阳明却将遇上更大的挑战。



## 陷 阱

张忠离开江西，直奔扬州。因为此时，江彬正带着朱厚照在那里潇洒。

张忠给江彬带来一个极不利的消息：王阳明不仅没有被整倒，自己还多次被他戏弄，差点栽到他手里。

江彬陷入了沉思。张忠见江大人也为难了，便打起了退堂鼓："这个王阳明实在厉害，听说与他作对的人，都没有赢过。"

江彬点点头。

"江大人有海量，放他一马吧！"这是张忠兄弟非常明智的建议，也是他一生最正确的一次。

"不，绝不能饶过王阳明。"

"江大人有什么妙计？"

"我准备挖一个陷阱，等着王阳明跳进去。"

对于朱厚照进入南京，江彬很兴奋。他夺取大权的计划要在南京实施，而此刻，他要除掉心头大患——王阳明。

朱厚照在钓鱼时，江彬突然说："王巡抚（王阳明）不是忠臣啊！"

"为什么？"

"他在江西，皇上来了这么久，他又不来朝见，目中无人啊。"

"当真？"

"陛下可以下旨召见，看他来不来？"

江彬如此肯定王阳明不来应召，是因为他不会把圣旨传达下去。王阳明就是再聪明也猜不到皇上召见他啊。

王阳明，你藐视皇帝的罪名背定了！

可是过了不久，有人汇报说，王阳明赶到了芜湖，正要准备觐见皇帝。江彬不敢相信这是事实，旨意还没有传达，王阳明怎么赶来了？

这事自然要感谢张永，他及时通知王阳明，让他日夜兼程，快马赶过来，这才给了江彬一个大大的惊喜。

朱厚照在得知王阳明来了后，他倒想见见这位屡立奇功的传奇人物。这下可把江彬、张忠急坏了。如果让他们见面，王阳明说没有领到旨意，那可是欺君之罪啊。

江彬劝阻了皇上召见，皇上同意了，让王阳明回去。王阳明感觉自己被人当猴耍了，但是绝顶聪明的王阳明有更绝的一招，他玩起了失踪。

有人向江彬汇报，王阳明失踪了。江彬感觉奇怪，马上派人在南京城外寻找，可就是不见王阳明的身影。

真是活见鬼，见到他心烦，见不到他，又怕他搞阴谋诡计，心慌啊。

江彬派出多路人马，终于发现了王阳明的去向。

王阳明去了九华山，准备在山里当道士，以度余生。

手下还汇报，王阳明脱掉官服，逢人就说，他看破红尘，不想争名夺利。

王巡抚要当道士，这个轰动性新闻传遍了南京城的大街小巷。张永迅速向皇上作了汇报，王巡抚平定了叛乱，不愿做官，却打算上山修道。他可是真正的人才啊。

朱厚照听后感觉江彬太过分，便骂了他一顿，让他以后不要再找王巡抚的碴儿。

王大人在山里休养了几天，吃了几天素，清了清肠子，便又去江西当封疆大吏了。

江彬的计谋失败了，他变聪明了，清醒地认识到王阳明是一位可怕的对手，自己远远不如，看来不可能整倒他了。

当然江彬还有一个更大的计划，这个计划关系自己后半生的前程、幸福，来不得半点马虎，一定要全力以赴。

王阳明，我们以后“井水不犯河水”。

这是个错误的认识，两人从来都是敌人，因为是好人和坏人的关系。

## 皇帝失踪

正德十五年，在南京一个宽阔的广场上，朱厚照下令放开朱宸濠，但是朱宸濠兄弟没有一点喜悦，因为自由相当短暂，而且周围都是官兵。朱厚照为人向来不大方，给朱宸濠的自由只有短短五分钟，然后又把他投进大牢。

朱厚照非常满意这样做，他亲自把朱宸濠活抓了一回，终于实现了他平乱的目标。

朱厚照打算班师回朝之时，江彬说：“南京有一个好地方，陛下还没有去过吧？”

“什么地方？”

“牛首山。”

“这个我知道，非常值得去的地方，当年南宋名将岳飞曾在那里打败金军。”

朱厚照随着江彬去牛首山游玩，天色已晚，江彬把皇上带进山洞，朱厚照只知道吃喝享乐，只要好玩，什么地方都敢去，也忘了自己的皇帝身份。

朱厚照进入南京，寝食不安的是南京尚书乔宇。南京与京城一样，也有六部、都察院等全套中央班子，大多数有名无实。但是南京尚书是实职，又叫南京守备，手握兵权，管理南京各地防务工作。

乔宇相当机灵，知道皇上是玩主，盼望这位主子早点离开，他害怕皇上玩出什么花样，让他吃不了兜着走。

因此他派人全天密切关注皇上的行踪，然而一个不幸的消息传来，有人汇报：皇帝失踪了。

这把乔宇吓了个半死，皇上假如在他的管辖地出现意外，不要说他权倾一方的官职会丢，就是他的脑袋也将不保。

乔宇想来想去，这事可能是江彬干的。这个判断与一个事情有关。前几天，他召集兵部官员开会，要求确保皇上安全万无一失。有位千户提供了一个极为重要的情报，江彬派人找过守门官，索取城门的钥匙。

南京城门白天打开，晚上关闭，有特殊情况要开门，得通报兵部值班室。

乔宇问：“钥匙有没有给？”

“没有给。”

“从现在起，城门钥匙一律由兵部保管。”

“遵命！”

乔宇想江彬要钥匙干什么？乔宇想破脑袋也不知道原因。但是有一点是明确的：不是皇上要，如果皇上要，下旨就可以。

当江彬得知城门钥匙在乔宇手中后，他决定亲自去一趟，在朝廷，除王阳明个别牛人不听话外，绝大多数官员对江彬唯命是从。当江彬说明来意，乔宇笑眯眯地接待，但是对借钥匙一事一口回绝。

江彬说了一通好话，见全无作用，便恶狠狠地威胁说："我要向皇上告状。"

乔宇知道自己毫无退路，大胆说："你要告状就告状吧。"

这把江彬气得不得了，但是江彬又不是小儿科，乔宇不怕他，其中必定有靠山。

经过调查，结果吃了一惊，这个乔宇上层关系非常好，张永是他好友，常去他家喝点小酒。乔宇还是杨一清的学生。

想当年张永与杨一清把刘瑾一举拿下，看来这个乔宇态度蛮横，还是有资本的。

皇上失踪后，乔宇想到一个人，就是张永。他气喘吁吁地跑进张永住所，一把抓住张公公的衣袖说："皇上不见了，皇上不见了。"

张公公瘫倒在椅子上，一句话说不出来。没有皇上，就没有自己的好日子。

"一定是江彬那小子干的。"

"这个我知道。"

"先下手为强，我派人把江彬抓起来。"

"让我想一想。"

一片寂静。

"现在情况不明，皇上又爱做出格之事，如果过两三天皇上回来，那我们怎么交代？何况，现在动手了，有可能逼反了江彬。"

"那目前我多派人手去寻找。"

"是啊。"

一天过去，两三天过去，十几天过去，朱厚照的影子也没见着。

不能再等了，乔宇想，在这些等待的日子里，乔宇煎熬着，万一朱

厚照出现意外，杨廷和等人不会放过他的。

乔宇再次催问："怎么办？"

张公公也相当诚实，"我也不知道啊。"

过了好久，张公公突然眼前一亮，他想到一个人，只有这个人才有办法。

此人就是王阳明。

当王阳明匆匆赶到，听完皇帝离奇失踪的事情后，他立刻意识到，皇上已经相当危险了。

但是他认为朱厚照还没有死。

"你有什么依据？"

"江彬的军队还没有调动的迹象。"

"如果皇上遇害，江彬必定会有所动作，调动他的军队。"

"那江彬这是要干什么啊？"

"这是试探。江彬当然不会拿生命去玩捉迷藏游戏，出此险招就是试探我们的反应。"

乔宇对王阳明佩服得五体投地，问："怎么让江彬放了皇上呢？"

张公公说："王巡抚应该有办法的。"

"我们大张旗鼓地搜查，这样可把江彬稳住，让他不敢加害皇上。"

随后，南京守军、江西驻军全部出动，军队规模庞大，大张旗鼓、气势汹汹地开始进行搜寻！

江彬知道自己的阴谋被人识破了，这么大的场面无非要告诉他：放老实点，别动皇上。

于是失踪数十天的朱厚照又一次出现了。他不知道这是一场阴谋，但知道这是一段极其难忘的经历。

朱厚照，好好保重，前面等待你的又将是一个陷阱。

## 最后一招

朱厚照同意回朝了。

皇上回京的日期越来越近，最苦恼的就是江彬，之前蓄谋已久的计划被人识破，只得作罢。回宫下手的机会极少，现在必须动手，但是留给自己的时间并不多，他苦思冥想着……

朱厚照带领军队来到清江浦，这将是他生命中最后一次看到江水。

江彬望着这条神秘莫测的江水，对朱厚照说："陛下，坐小船游玩非常有意思，我们试试。"

朱厚照听说好玩，十分高兴，然而死亡之神却在前面等待他。

小船行至江心，突然江彬将身子扭动，小船摇晃，朱厚照身体跟着摇晃，他想控制身体，可是身体偏偏不听话。朱厚照想抓住船帮却没抓住，"扑通"一声，扎扎实实地坠落江中。恶人江彬马上变成好人，带人组织下水救人，终于把朱厚照捞上岸。

从此之后，朱厚照身体变得极为虚弱，回宫后天天养病，就是不见好转，朱厚照预感自己时日不多，从来只顾自己游玩不关心国家的皇上，在临死之前说："我的病治不好了，以前的事情是我的错，与他人无关，请皇太后与内阁商议处理国家大事。"

历史上许多人说朱厚照昏庸无道，荒淫无度，我认为朱厚照首先是一个普通人，他是一个没有责任心的领导，他从来不把国家利益放在第一位，看重的只是他自己，还有那些吃喝玩乐的享受。

朱厚照的死成了千古谜团。

江彬本想朱厚照死后，朝中事务自己更有话语权，但是事与愿违，朝中却由杨廷和首辅主持，这个大明差不多姓杨了。

江彬正思考怎么从杨廷和手中夺权，杨大人却先下手为强，把朱厚照组建的团队解散，团队实际领导人就是江彬，而且明确京城防务由张永、郭勋控制，严禁任何人动用军队。

这个时候，各色人物粉墨登场，都督张洪半夜到杨廷和家密报：江彬一帮人四处活动，可能要造反，杨大人应该提前行动。

"你多虑了，江彬是先皇最亲近的人，怎么会造反，以后不得乱说。"

张洪看了看杨大人坚决的态度，开心地离开了。

张洪离开了杨府，直接去江彬府，向江彬汇报。

杨廷和已经准备好捕捉江彬的计划，此时一定不能透露半点信息，

不然自己的计划将前功尽弃。

皇宫祭奠仪式上，杨廷和邀请江彬也参加。江彬刚从张洪那边得到好消息，便壮着胆子带领大队人马去了。

当江彬来到宫门外，守卫告诉他，参加仪式只能让他进去，其他闲杂之人不得入内。

江彬想争取一下，但是没有用。他考虑到形象问题，便也没争吵，就进去了。

可是江彬水平不过如此，自古到今，这是杀人灭口、报仇雪恨的绝招，但是江彬还是未识破。

江彬进入宫，行了礼，正要撤退，张永突然拦住他，说请他去吃饭。

张永的面子还是要给的。江彬跟着走了一段路，突然出现一个大臣，让他接太后懿旨。

江彬感觉苗头不对，虽然张公公拉着他的手，但是脸上却写满杀气，他马上作出决定：挣脱张公公的手，拔腿就跑。他是武将出身，跑路水平还是一流的。

张公公正要骂娘，杨廷和却出来了，笑着说："他喜欢跑，你便派一些公公好好陪他玩玩。"

张公公笑了笑说："好，好。"

于是，江彬就开始了人生的最后一次长跑。这位仁兄平时经常干坏事，但是身体素质却非常好，他一口气跑到西安门，见大门紧闭，这位仁兄不会撬锁，也不会爬墙，便转念一想，另找出口吧。

江彬的体能真的很棒，他又快速跑到北安门，然而却有一帮太监在等着他，"江大人，接懿旨啊。"

江彬还是彬彬有礼的，他回答说："这个时候，哪里还有懿旨啊。"

于是新的一幕出现，江彬前面跑，一帮太监在后面追。一般情况下，太监是跑不过江彬的，但是此时他跑过了两个城门，已经跑不动了。太监追上他，一拥而上，将江彬按在了地上。

就这样，这位仁兄在世时讨好、照顾朱厚照，死了之后又可以去朱厚照那边伺候了。

# 第十八章　举荐新帝

## 暗流涌动

朱厚照驾崩后，朝廷内外争吵声不断。许多人摩拳擦掌，觊觎皇帝的宝座。

江彬自认为是最有实权的人物，而且与朱厚照私交甚厚，所谓私交，无非会陪这位大哥玩耍。朱厚照走后，江彬认为朝中事务托付给他才对，可是糊涂一生的朱厚照临死前却清醒了，将大权交给了太后和内阁，由他们共同掌握大明的命运和明天。

于是，江彬在杨廷和首辅的精心策划下，走上了一条不归路。

朱厚照皇帝死后，天下职位最高之人当属太后，但她毕竟是女流之辈，而且没有主宰天下的强烈欲望。朱厚照生前玩得厉害，没有留下一儿半女。大明江山没有指定的继承人，新皇帝只能从众多王爷中挑选，然而挑选天下一号人物确实非常困难，这不是菜场挑菜，也不是挑乡长、县长那样简单。

各位王子内心也清楚，要想坐上高高的皇位，不是由老皇帝决定(老皇帝已经归西)，而是由杨首辅决定。杨首辅是神童、状元出身，虽然不是皇室人士，但是替大明江山选择皇帝，真是无比的荣耀、一生的骄傲。这次挑选日期不长也不短，足足三十七天，然而在这些白天黑夜之中，大明的大权实际由杨首辅掌控。杨首辅非常辛苦，也非常敬业，当然后来新皇帝不给面子，批准他下岗回家，那是另外一码事。

官员们推荐新皇上的热情高涨。这是一本万利的生意，朝内官员发挥了聪明才智，纷纷推荐新皇帝候选人。推荐得票最多的候选人是益王朱厚烨，其次是兴王朱厚熜。

益王朱厚烨二十三岁，设藩江西抚州，此人生性简朴，才华出众，为人诚实，没有吃喝玩乐的不良恶习。他又是嫡长子，群众基础相当好，是最有实力最有希望的候选人。

兴王朱厚熜，设藩湖广安陆，此人只有十三岁，属于少年儿童类型，但是此人爱好学习，机智聪明，是大人眼里的好孩子。

杨首辅和大家一样，认为益王朱厚烨是最合适的人选，因为此人品性优良，为人忠厚老实，没有恶习，年纪也正当，具备了做皇帝的起码要求。

朱厚烨虽然老实，但是手下人却并不老实，他们给朱厚烨出了一个精彩的点子。这事杨首辅最有发言权，听说他非常爱好金钱，我们得送礼。

朱厚烨说：“我是最受欢迎的候选人，难道也要送礼？”

“当然要送，如果别人送了，我们未送，杨首辅把支持票给了别人，就麻烦了。”

朱厚烨觉得有道理。

其实非常没道理，因为任何事情都有例外。后来的事实证明，这是一个十足的馊主意！

杨首辅是何等聪明之人，他的胆子再大也不会收未来皇帝的礼物，收了就是告诉新皇帝，他腐败、贪污，如果拒绝了，那也不可以，新皇帝会没面子，每每想起，就像揭伤疤，一定给他“好果子”吃。

这确实给杨首辅出了道难题，虽然杨首辅平时也收礼，经过再三考虑，他决定退回礼物。当然也放弃了对朱厚烨王子的支持。

最终杨首辅选择了朱厚熜，他只有十三岁，还是个孩子。

决定皇帝候选人的关键因素不是他的才华、人品，也不是知名度和群众基础，恰恰是大家从不关心的年龄！

后来的结果证明，年龄这档事对杨首辅没有半点好处，朱厚熜十三岁进入叛逆期，伟大的杨廷和先生最终栽在了这位乳臭未干的少年脚下！

## 确定当家人

王琼见过朱厚熜，见这小伙子长得精神、帅气，又有才华，而且群众基础好（得票多），认为此人必定是未来的皇帝。

朱厚照归西之后，皇位谁来坐，朝野议论纷纷，争论不休，就是没有个结果。

朱厚熜的父亲亲自去了一趟王琼府。王琼是当今朝中重臣，非常有发言权，有王琼的鼎力支持，朱厚熜坐上皇位的成功率会更高。

王琼何等聪明，这个顺水人情当然要做，朱厚熜坐上皇位，自己还是功臣，以后还得在人家眼皮底下混饭吃，这种送上门的好事谁会拒绝。

王琼也是敢说敢做的，他表示向太后力荐，还会拉上志同道合的大臣，向太后进言，目的只有一个，让朱厚熜小伙子坐上皇位，毕竟这个位置空了一个多月，再拖下去怎么向天下人交代？

王琼马上给亲信和好友写信，希望在皇帝候选人当中，能坚持原则，让颜值高、年龄正当、有才华的朱厚熜坐上皇位。

此时王阳明也收到王琼的亲笔信。王琼是王阳明的恩师和上级，王琼有百分之百的把握，王阳明应该会听从意见，上书推荐。

越有把握的事情，越就没有把握。王阳明没有支持朱厚熜，他不是没良心，也不是与朱厚熜有深仇大恨，而是深深懂得，自己的一票轻如鸿毛，根本起不了作用，一旦传出将对王琼和自己非常不利。有人会说，他们师生的手伸得太长，连皇位的事情也管。

王阳明虽然没有上书，但还是给王琼写了一封信，劝告王琼不要多管这事，因为你我喊得响并不管用，这个要看主要领导的脸色。领导才有决定权。从这一点上看，王阳明比老师王琼高明得多。

王琼带领一帮大臣去拜见张太后，当他们进入张太后后宫时，意外

看到了一张熟悉的面孔，此人就是他们的领导杨廷和。

王琼等人向太后行过大礼后，准备推荐新皇帝的人选。

没等他们推荐，张太后主动问："王爱卿，有新皇帝的合适人选吗？"

王琼暗暗高兴，说道："微臣正想向太后娘娘禀报。益王朱厚烨有才有德，是新皇帝的最佳人选。"

张太后脸色微微一变，直接注视杨廷和。首辅杨廷和作为内阁头号人物，级别比王琼高一截。

杨首辅说："微臣认为兴王朱厚熜聪明好学，才是皇上的最佳人选。"

"兴王朱厚熜才十三岁，怎么治理天下啊？"

"有志者不在年高，经过几年学习，朱厚熜一定会成为一代明君。"

一般到了这一步，下级不会对上级提出反对意见，但是王琼却不一样，有机会一定要争取的，他提出一个充分反对的理由："兄终弟及"，弟必须是嫡长子，但是朱厚熜是次子，这不符合规定。

杨廷和大人也相当幽默，说："朱厚熜的大哥去了阴界，难道我们要去阴界找人啊？"

王琼正欲反驳，杨廷和大人使出带血的撒手锏。

"王大人，你别忘了，江西刚出了宁王朱宸濠，你却推荐江西的朱厚烨，你是什么意思？"

虽然朱厚烨与朱宸濠没有半毛钱关系，但听见杨大人杀气腾腾的话语，王琼吓得脊梁骨冒冷气，他向身后同伴看了一眼，大家把头都缩了进去。王琼当然也是聪明人，再缠绕下去，自己必定要遭殃。

张太后见两位大人分出胜负，非常高兴。当然不管是哪位王爷坐皇位，太后都是非常高兴的，她担忧两位重臣争来斗去，最后要她拿主意，那就麻烦了，如果自己选中的是昏君，将来还有什么脸面去见朱厚照他爹。

新皇帝就是十三岁的朱厚熜。

太后下懿旨派队伍隆重迎接十三岁的朱厚熜进宫。朱厚熜看到太后懿旨那一刻激动不已，自己即将坐上那高高的皇位，成为权倾天下的老大。

朱厚熜，等待你的不是舒服惬意，而是千辛万苦，你将面临前所未有的挑战！

## 六载不召见

正德十六年四月二十三日，羞涩的少年朱厚熜登上了皇位，年号嘉靖，成为明朝历史上寿命最长的皇帝。

少年朱厚熜虽然缺乏实践经验，但是他天资聪慧，办事认真，又爱广听意见、明察秋毫，大臣们对这位少年老成的新皇帝非常认可、满意。

但是朱厚熜对许多事情并不满意，比如人才的使用。他发现一个人才，不仅能打仗，还会讲学，而且政治觉悟高，可以说能文善武，但是此人在地方上班，不能进入中央权力核心圈，太可惜了。此人就是大家熟悉的王阳明。

朝中大事都由杨首辅做主，朱厚熜想到自己毕竟是真命天子，便第一次大胆作出决定重用王阳明，下旨让王阳明进京面圣。这意思相当明确，让王阳明来京当重臣——内阁大学士。

当王阳明收到这道圣旨时，非常欣慰，因为圣旨既对他平乱战绩进行了肯定，又洗清了他所遭受的诬陷。这圣旨出自当今皇帝亲笔，说明当今皇帝是英明之主。

但是王阳明也想到新皇帝年少，掌控不了大局，朝中还是杨首辅说了算。杨首辅这几年功劳太大了，抓了大奸臣江彬，消除了国家大患；用朱厚照自己的话（遗诏）去掉了弊端，如撤掉豹房；将各方进贡的女子遣散；释放无辜关押之人等。杨廷和大刀阔斧、雷厉风行的系列动作，可以说大快人心，也树立了极高的威信。

皇帝是天下的主人，没有干不了的事情，但是他却遇上了另一位牛人，皇帝发布的圣旨也会作废。而此人就是天下第二，首辅杨廷和。

杨廷和知道王阳明立有战功，而且谋划本领非常高，但是他不喜欢

王阳明，主要因为王阳明不是同路人，王阳明是王琼的学生，而王琼却是自己的死对头。前段时间，王琼在多个问题上与自己叫板，差点让自己下不了台，但是杨首辅岂是好欺负的，杨首辅用最简单的办法，把王琼从尚书位置拉了下去，罪名为结交内侍、违反祖制。

一夜之间，叱咤风云的王琼成了一介平民。

杨廷和搞倒王阳明的老师，学生王阳明又要冒出头，怎么办呢？不行，绝对不行！

杨首辅马上向皇上奏明："武宗国丧刚发，消耗了国家巨大的资金，奖赏平叛功臣应暂缓执行。"

朱厚熜说："朕不只是要行赏，还要封官啊。"

"陛下，臣正要给王阳明巡抚一个重要职位。"

朱厚熜见杨大人有想法，那就等等看吧，自己年纪还小，出门时，父母再三嘱咐，要听杨首辅的建议，何况这个皇位还是杨大人力排众议争取而来。

这可苦了王阳明，他带着随从满腔热情奔向京城，行至半路，突然又接到圣旨，让他返回，皇帝不召见了。

"那什么时候召见？"

"这个俺也不知道。"太监说。

王阳明想起离开江西时，城内官员和百姓都来送行，还好王阳明为人低调，说去北京汇报工作，不然怎么有脸见地方官员、百姓。

不明确的好事，最好别说，说出来不兑现就会成为笑柄。

杨首辅答应皇上的事情不会拖的，不久，王阳明终于升官了。

王阳明在江西勤勤恳恳干了几年，业绩是显著的，他终于等来了升职机会。杨首辅知道王阳明虽然是王琼的学生，但是与王琼"不同穿一条裤子"，而且为官正直，对国家忠心，对百姓爱护，一身正气。于是升王阳明为南京兵部尚书，参赞机务。这是一个实权官职。

六年不被召见的王阳明终于到达京城，见到少年天子朱厚熜。

南京兵部尚书是肥差，但是王阳明是廉政之人！

王阳明，努力吧。请继续为百姓、社稷操劳！

## 首辅倒台

杨廷和首辅让十三岁的少年朱厚熜坐龙椅，除了看中此人的聪明伶俐之外，主要还因为他是孩子，杨首辅可以出更大的力，帮助管理国家，为国家多作贡献。然而这是杨首辅一个人的美好愿景，还得看皇帝是不是这个意思，而且聪明绝顶的朱厚熜绝不是可操控的木偶，怎么会一味听从杨首辅？

当然新皇上开始履职，什么都不懂，只得请教杨首辅，听从杨首辅的意见，这给了杨首辅一个可怕的错觉：自己是大明的主宰者。

杨首辅对新皇帝总是指手画脚，朱厚熜也从不计较，认为听从杨首辅应该不会有错的。

然而一个事情的出现让少年皇帝作出关键决定，要把权力牢牢地掌握在自己手中，否则连自己的亲爹都不能叫亲爹。

那天，少年嘉靖皇帝把自己的封号意见交由内阁办理，自己是皇帝，自己的父母应该是太上皇和皇太后。

但是内阁不同意，内阁由杨首辅签字盖章，也就是杨首辅反对。这让少年皇帝勃然大怒：这个杨首辅是不是吃错了药，跟着朕混，朕要给父母一个名分，却推三阻四，好像他是天下第一。

嘉靖立即传旨把杨首辅唤来。

杨首辅见到嘉靖皇帝，还没有行完礼，嘉靖皇帝便斥责道："杨大人，你连朕的圣旨也要卡啊。"

杨首辅说："陛下，老臣不敢。"

"那朕父母的名分为何还未办理？"

"陛下的父亲是先帝朱厚照，这是因为朱熹说过，继承别人的皇位，就要称此人为父亲。"

"那我的亲生父亲怎么办？"

"当然有名分的，可以称为皇伯或叔父。"

"有什么先例？"

"北宋宋英宗（赵曙）就这样称呼自己的父母。"

嘉靖皇帝被杨首辅"忽悠"后，虽然不满意，毕竟年少啊，实在想

不出反驳的理由。

这一夜，少年嘉靖失眠了，想想自己贵为一国之君，却不能认自己的亲生父母，即便见了亲爹妈，也不能叫爹妈。

窝囊，天下头号窝囊废。

嘉靖卧在龙榻之上，见天色白茫茫渐趋发亮，他终于想到一个办法，一大早就把杨首辅传来。

嘉靖说："赵曙是赵祯的义子，称亲爹是可以的，但我不是先皇的义子，也从未当过太子，就不必参照先例了吧？"

"陛下不叫先皇为亲爹是对先帝大大不尊。"

"有何不尊啊？"

"若不是先皇的儿子，怎么继位？何况藩王们对皇位虎视眈眈。"

嘉靖皇帝听听也有道理，但他还是很不甘心，以前都叫爹妈，现在改口，实在对不住爹妈啊！

王阳明本来就对杨廷和不服气，在得知此事后，更是感觉这不是欺负一个小孩子吗？而且人家毕竟是天子，王阳明想与杨廷和开展一场辩论大赛，但是他却没有实施。

然而此时还有一个人也想到了这一狠招，此人叫张璁。他读书不怎么样，四十六岁那年才考中进士。四十六岁上班，年龄确实大了点，这个年龄进入官场要想谋得高官，痴心妄想，然而就是这个妄想，不久将成为现实，张璁确实找到一条升官的捷径。当他知道嘉靖皇帝受杨首辅的欺负，决定上书与杨首辅面对面辩论，这是他"旱地拔葱"的机会。

张璁给皇帝的上书，内容很长，大致意思是皇帝叫自己父母亲爹妈是对的，皇帝如果不能作表率，以后谁都可以称自己父母不是亲爹妈，鼓励他坚持原则，不要后退。

正在十字路口彷徨的嘉靖皇帝，收到此书后先是大吃一惊，然后便非常开心地大笑：天下终于有人与自己的想法一致了。皇帝马上召见张璁进京并予以重用，同时对辩论会的必胜充满信心。

杨廷和见张璁这个小儿科蹦出来，恼羞成怒。

他想：同意这位七品芝麻小官进京面君，无非让我这个首辅难看，我治理国家这么辛苦，从不见表扬。杨廷和使出了狠招：这么大的一个乱摊子，老子不管了，老子要辞职。

杨首辅递交辞呈，当然这不是他的真实想法，因为当他的辞呈送去后，挽留的上书如雪片一样飘到嘉靖皇帝案头。

嘉靖皇帝见杨首辅群众基础好，办事能力强，而且也是自己的恩人，即自己的皇位也是他争取过来的。虽然有分歧，他还是挽留，不同意辞职。

过了几天张璁来到北京。张璁这小子听说皇帝召见，便快马加鞭前来，并带了一篇辩论文章，要与杨首辅对话。

在平时，杨首辅搞倒他，如踩死一只蚂蚁，但是今时不同往日，此人得到皇帝的支持，前来挑战自己。

当嘉靖皇帝提出让张璁出来与大臣辩论时，杨首辅感觉皇帝不好掌控了，再这样下去，不仅日子不好过，还会丢脸。

杨首辅又提出辞呈，这回嘉靖皇帝火了，国家大臣动不动就要辞职，气量也太小了，少一个就少一个吧。嘉靖便同意了他的辞职。

六十四岁的杨廷和终于结束了政治生涯，这位老人虽然能力强，但是在长达四十多年你来我往的钩心斗角中，他确实厌倦了。

历经四朝不倒的“杨不倒”终于倒了，虽然有无数人表示反对，无数人表示挽留，但杨廷和还是毅然决然地走了！

四十多年弹指间，荣华富贵如云烟！

# 第十九章　广收弟子

## 真才实学

朝中官员为鸡毛蒜皮之类的小事斗得你死我活。王阳明非常讨厌这股歪风邪气，决定向朝廷提出休假。其实他不用请假，朝廷也让他回家休息，因为许多人在背后捅刀子，说他搞的心学是伪学，如毒草一样害人。嘉靖皇上不让他回家也难。

王阳明回到余姚，此时父亲王华患重病了。

走进家门，见父亲卧倒病榻上，王阳明跪下去泣不成声……

王阳明知道从小到大父亲对自己管得严格，但这是一种有担当的父爱，正因为父亲的严格，让他懂得多，学得多，最终考中进士，成为大明的中流砥柱。

那天，王阳明父子在叙旧，仆人进来递上一张请柬书，请王阳明去喝酒。落款人是钱德洪，余姚有名的地主。

在那个吃不饱、穿不暖的社会里，对官员来说，吃肉喝酒是高标准消费，是奢侈生活。

王阳明问："钱德洪是什么人？"

仆人说："非常牛的人，不仅很有钱，而且爱读书，有学问。"

王阳明说："不错嘛。"

"王大人什么时候去？"

"我不去。你回个话，他的心意我已领。"

又是一个阳光明媚的下午，仆人来报："钱洪德拜见。"

钱德洪家住余姚龙泉山下，喜欢结交文人雅士。他曾出巨资在龙泉山建了一阁楼，称为中天阁，作为以文会友的场所。

建阁楼是为会友交流，这确实奢华了点，因为不建阁楼也可以会友，看来有钱人就是任性！

钱德洪进门说："听说王大人为国家立下赫赫之功，可喜可贺啊，是我等学习的楷模。"

"为官自当报效国家，为黎民百姓尽心尽力。"

"我不知道王大人之功是凭才华还是靠运气？"

这也太挑衅了，旁人听了都吓了一跳，但是王阳明不仅淡定自若，而且回话令人始料未及。

"两者皆有。"

回答非常高明啊，一下子打击了钱德洪的嚣张气焰。最好的才华有时也离不开运气。

"钱某不才，有一个问题困扰钱某很久。"

"请说吧。"

"我看到红旗不动，它却在动，看到红旗在动，它却不动。这是为何？"

王阳明哈哈大笑。

"难道我遇上鬼了？"

"不是的。"

"请王大人明示。"

"红旗不动，但你认为红旗在动，这是因为你的心在动；红旗在动，但你认为不动，是因为你的心不动。"

"王大人说得精彩，我要拜你为师。"说完，钱德洪拜倒在地，行了大礼。

王阳明见钱德洪如此真诚、好学，非常感动，答应收钱德洪为弟子。

一个秋天的早上，龙泉山上姹紫嫣红、万木葱翠，钱德洪带着众人把王阳明请进山上的中天阁，举行了隆重的拜师仪式。

王阳明当了老师，也践行诺言，每月初一、初八、十五、二十三这四天都会去中天阁讲学。当然学生不只钱德洪，还有三百多人。只要有文化基础，又爱好学习的，都可以听课。

中天阁的授课成为当地人学习知识的一个绝佳平台，许多人从这里出去将成为举人、进士。

世上最美的不是容颜，也不是金山银山，而是一种本领，只有这种本领才能让人佩服，心甘情愿地拜在门下。

这种本领就叫真才实学。

## 意气用事

王阳明嫡传弟子徐珊的生活条件最困难。困难到什么程度呢？吃不饱，穿不暖。别人一日三餐，他家一日一餐。徐珊来求学时，王阳明看到徐珊捂着肚子，以为生病了，结果徐珊说不是的，只是饿得慌，整整一天没有吃东西。于是，王阳明就请徐珊吃饭。

遇上这样的老师，真是学生的福气。

徐珊虽然生活困难，困难得如乞丐一样，但是他读书非常有天赋，写诗作文特别出色。王阳明平时格外关爱徐珊。有人说，徐珊肚子经常空空的，但是王阳明认为他肚子里有东西，相信徐珊经过刻苦学习，必定金榜题名。

王阳明对徐珊格外关心、照顾，希望他可以通过考试进入官场，为国为百姓服务，同时也能够养活一家老小。徐珊非常争气，除刻苦学习课本知识外，还钻研生活中的课题。自从拜在王阳明门下，他的学问有了长足进步。

徐珊参加了全省考试，他的成绩相当好，为全省第二名，中了举人。他相信来年的会试中，一定可以考中进士。

虽然王阳明有品德、有才华、懂谋略，但是他的日子并不好过，他提出的知行合一心学，遭到不少官员、专家的反对。

一些人到处宣传王阳明的心学是伪学，要将心学扼杀在摇篮之中，一逮住机会就攻击王阳明的学说。

面对这些人反对王阳明学说，徐珊说："恩师，你应该主动出击，给他们点颜色看看。"

王阳明一笑说："清者自清，浊者自浊。"

"不能这样忍着。"

"我已看淡名利，历史会给我一个公正的答复。"

次年，徐珊进京会试。临别时，老婆抱着他说："这个家都靠你这次考试，考中，全家人便可摆脱饿一顿饱一顿的苦日子。"

徐珊说："以我的实力考进前五名不成问题。"

一甲三名，全国第五名相当于二甲第二名。是的，此时徐珊的实力，已经比乡试时有了较大的进步，考个前五名，是谦虚的说法。而他真正的实力，是一甲前三名。

老婆激动地抱着徐珊，但是后来徐珊却给了她一个"惊涛骇浪"的答案。

徐珊进入考场，拿到试卷，他做题得心应手，一路下来相当顺利，到最后一道作文题，徐珊看到题名，作出一个让许多人痛心疾首的决定，扔出毛笔、试卷，扬长而去。当然他最终与功名失之交臂。

最后的作文不是很难，对徐珊来说有点简单，但是徐珊为什么在看到这道题目后，怒发冲冠，放弃三年一回的大考，而愤愤不平地离开考场呢?

徐珊作出这个决定，是因为他看到作文题是讽刺王老师心学的题目，心想：你可以骂我、打我，但千不该万不该诬蔑我的恩师。

徐珊从北京回来，没有进家门，他没法向老婆大人交代。他去了王老师家，把事情的原委说了。

一直沉稳的王阳明听完之后，没有把他当英雄，而是火冒三丈，不是因为背后有人骂他，也不是因为有人卑鄙无耻，利用试卷攻击他，而是因为徐珊太感情用事。他大声说："你不该这样。"

"我认为这样做应该，我绝不后悔。"

"你这样做，不仅害了自己，而且也帮不上我。"

“我认为这是支持恩师的最理想做法。”

王阳明语重心长地说：“你应该把我的知行合一心学传授出来，让他们敬佩，最好让他们加入我们的队伍。”

后来王阳明讲学时多次强调，遇上挫折要忍辱负重，坚持不渝，这样最终定能找到那个扭转乾坤的法子。后来，他的弟子欧阳德、王臣、魏良弼等人，在试题中大做心学文章，做得理直气壮，做得纵横捭阖，他们才气横溢，虽然是“王学”门人，但还是被录取了。

这说明正义终将战胜一切，前进的潮流是无法阻挡的！

## 特立独行

嘉靖元年，泰州一位商人前来会见王阳明。这位商人事业很成功，挣了很多钱。此人叫王艮。

王艮进入王阳明家，打扮得非常奇特，他身着奇装异服，戴着一顶纸糊的帽子，手里还拿着玉板。

王阳明热情友好地招待他，并请他吃饭。王艮也是儒学方面的人才，有自己的见解和一套理论。他与王阳明讨论了心学。此人口才好，功底深厚，他与王阳明谈了整整一天，王阳明没有说服他。

第二天，他们接着辩论，王艮服了，提出拜王阳明为师。

王阳明当然喜欢这种学问型的学生，但是他却对王艮说：“我不能收你。”

“为什么啊？”

“你不具备当弟子的条件。”

“请恩师指明。”

“你为什么这样打扮啊？”

“我，我要破除理学的陋规，求心学的真义。”

“不！你是想出名！”

王艮仿佛被警察逮住的小偷，脸突然红了。他虽然有钱，也有点学问，但是缺少知名度，因此想出了这个馊主意。

王艮见伪装被拆穿，不好意思在这里混，便拿出最后的尊严，向王老师告别，准备回去。

王阳明却叫住他了，说此时自己愿意收他为弟子。

王艮收起了所有的伪装，庄重地向王阳明行跪拜之礼，从此脚踏实地地一心求学，把生意交给了家人打理。

王艮在众多学子当中，很受王阳明器重，后来成为王阳明优秀的学生。之后，王艮回到家乡泰州，创建了鼎鼎大名的学派，即泰州学派。

求学一定要真诚，不要弄虚作假。王阳明点破了王艮的虚荣心，让他静下心来学习，最终他成长为学术界的泰斗。

## 自我批评

王阳明搬家到绍兴，许多学生又跟着去了绍兴，还继续请王老师讲那高深莫测的心学。在绍兴，他继续广收弟子，传授心学。

全国许多好学的青年纷至沓来，想聆听王老师讲学。

这事引起一个人的好奇心，此人就是绍兴知府南大吉。作为绍兴府的知府，他对这里的一草一木了如指掌。自从王老师搬进绍兴后，一群群人来到这里，绍兴人气指数攀升。

绍兴知府南大吉决定亲自会见会见这位王老师，然而这次会面，却让他相见恨晚，后来他丢官回家种红薯，也是因为结交了王阳明。

南大吉是陕西人，聪明好学，为人仗义，正德六年中的进士，在户部任主事，嘉靖二年到绍兴任知府。他为官期间确实处处为民着想，做过许多得民心的大事，如疏浚运河、筑塘预防旱涝、锄奸平冤等。这些事做得大快人心，是老百姓心目中的“南青天”！

南大吉听说王老师很会用兵打仗，他不相信一个行军打仗之人，还会创建学说，也许这是一个美丽的传说吧。

南大吉和王阳明交流相当顺利，南大吉明显感觉王老师友好、真诚，是值得信赖的老师，对话向纵深推进。

南大吉谦虚地说：“卑职执政也有过失，请先生多加批评。”

王阳明说：“你有哪些过失？”

南大吉大大方方地把自己的过失说了一遍。

这让王阳明吃惊，官员几乎不会说自己的过失，这是官场大忌。

王阳明问：“你是怎么知道自己过失的？”

“是我的良知告诉我的。”

“好啊。”

南大吉注视着王老师，王老师讲授的心学之本就是良知。

南大吉站起身，拜到王老师面前，恳求王老师收为弟子。一直以来，他想在良知上形成自己的知识体系，但是茫茫然无从下手。遇上王老师，他觉得自己非常幸运。

王阳明面对这个权倾一方的地方官，给出了两个字，“不收”。

王阳明不收南大吉，其实也是为他着想，现在天下不少高官反对心学，南知府跟了自己，有可能被人穿小鞋，说不定因此丢官或降职。

爱护一个人，往往会批评或拒绝他的要求，却不一定能够得到理解、认可。王阳明也遇到了这样的情况。

南大吉感觉王老师太不给面子，从外面赶来的陌生青年求学，王老师从来不说“不”字，而他是堂堂知府，怎么会这样啊？

南大吉不知道王老师的良苦用心。

从此之后，南大吉隔三岔五前来，向王阳明请教问题。王阳明总是认真仔细回答，每每都让南大吉收获而归。

有一次南大吉说：“你教我良知，我才不会犯错。如果不学好良知，我要犯错的。”

面对这个问题，王阳明犹豫不决，一方是南知府的前途，另一方却是老百姓的幸福。

南大吉重重地跪下了，说：“恩师不收我为弟子，我感觉做人没意思。”

在个人得失与广大百姓的利益面前，王阳明只有一种选择，那便是后者。

王阳明终于收了南大吉为弟子。

待到南大吉出门，见西边出现长长的彩虹，王阳明思索片刻，高声吟道：

*无善无恶心之体，有善有恶意之动。*
*知善知恶是良知，为善去恶是格物。*

南知府真是位好学生，不但勤奋学习，而且知善去恶。后来在王阳明离世之后，他将王老师的著作《传习录》续刻出来，并为此书作序。

对心学有意见的高官，见南知府与王阳明同穿一条裤子，他们拿王阳明没办法，但是对付南知府还是有办法的，很快，他们找了一个由头把南知府免职了。

这就是王阳明预见的最坏结局，也是他当年不愿收南知府为弟子的原因。

但是天无绝人之路，南大吉回到陕西，建立书院，继续在那里传播王阳明的心学。

# 第二十章　出征广西

## 挂帅出征

嘉靖六年，广西思恩和田州两地发生大规模的农民起义，这件事震惊朝野。自古以来，王朝的灭亡多是由农民起义开始的，比如元朝的毁灭，当时出现众多起义军，而朱重八只是众多起义大军中的幸运儿，经过多年征战，最终坐上龙椅，创建了辉煌的大明王朝。

少年皇帝朱厚熜紧急召集大臣开会，他虽然年少，但是很聪明，懂得权谋。当然朱厚熜对行军打仗还是外行，急需听听大臣的意见。

大臣们听到广西叛乱，不是吃惊，而是沉默，写诗作文以及对某个问题进行辩论是强项，听到行军打仗、上阵杀敌，大家头都大了。

朱厚熜问："众爱卿有何良策？"

大臣们都低着头，一片静悄悄。

朱厚熜有点火冒三丈，这批人平日说什么上知天文，下知地理，无所不知，今天遇上真正的难题，竟然都装聋作哑。

朱厚熜说："你们都是国家栋梁，今天就辛苦大家，务必想出剿叛良策，不然就不必回家了。"

皇上还是少年，这种做法显得稚嫩，但是他没有更好的办法了。

朱厚熜的倒逼做法还是有效的，众臣中开始有不少人说话了。

他们说："请广西巡抚姚镆带兵出战。"

朱厚熜想这些人是不是黔驴技穷了，姚镆刚打了败仗，不是敌军的对手，才要求朝廷派出统帅，难道我们大明就没有经略四方的军事人才了吗？

其实朱厚熜过分焦虑了，在文武大臣之中，能人异士还是有的，比如杨一清。这位仁兄在家休息几年，被朱厚熜相中，重新出山，现在任内阁首辅。

杨一清站起身来奏明："陛下，叛乱之徒来势汹汹，但是大明兵强马壮，军事精英也不少。"

朱厚熜见杨一清大臣出来，于是面露笑容，说："杨爱卿，你看谁最适合率军出征？"

"有一位老臣，剿过土匪，平定过藩王叛乱，此人屡立战功，在战场上屡战屡胜，从未有败绩。"

"好、好，杨爱卿，此人是哪位爱卿啊？"

"王阳明。"

杨一清与王阳明的关系非同一般。王阳明的父亲王华是杨一清的挚友，王华死后，杨一清曾亲自吊丧，而且还撰写了墓志铭。

说到王阳明，朱厚熜立即想起来了，他重用过王阳明，让他在南京当兵部尚书，只是此人又爱搞知行合一的心学，四处讲学，遭到许多大臣的弹劾，开始皇上不相信，后来几位重臣也说这是伪学，才让他回家反省。

"给王阳明下旨，命他火速赴广西上任。"

朱厚熜不会运用兵法，但是兵贵神速的道理还是懂的。他没有让王阳明筹集军队、粮草，因为王阳明可以等待，而叛军是不会等待的。

王阳明接到圣旨后，随即挂帅征剿广西义军。

## 招降敌军

嘉靖六年十一月二十日，王阳明经过长途跋涉，到达广西梧州，准备剿灭义军。

王阳明做事之前，有一个好习惯，就是今天流行的调查研究。他很

快将广西义军的情况摸清楚了。

经过王阳明的认真调查，义军头目王受、卢苏也是穷苦人家出身，为了替“老板”报仇而起兵，这两位兄弟不仅良心不坏，而且还讲义气重感情。

面对讲义气、有良心的敌人，王阳明果断作出决定，将剿改为抚，但这种政策的调整自己做不了主，必须得到皇上的批准。

当天深夜，王阳明便给皇上写了一封奏书，申请招降叛军。

当然王阳明写了充足的理由，而且环环相扣，说服力极强。少年皇上大悦，当即批准。世上有这等好事，不战而屈人之兵，不战而让敌人投降，这是遇上超级“牛人”了。这是兵法中取胜的最高境界。

王阳明的计划得到领导批准，当场带领五万大军在南宁集合，然后大规模操练。

明明是招降，王阳明却在操练军队威胁敌人，这正是他的过人之处。只有靠实力，才能逼迫敌人归降。

操练完后，王阳明命令在街头巷尾张贴招抚布告。

王受、卢苏开始听说王阳明大军剿叛，有些惶恐不安，后见朝廷招抚，大喜。叛军领导层开会，讨论王阳明提出的招安条件。

王阳明剿过匪，平过反王，其知名度非常高。

许多人提出一个观点：王阳明杀过降将，这个人不可信，我们不必去理睬。

大头领王受也是有水平的，他认为这种观点是不正确的。他对大家说：“王阳明是杀过降将，但是那些人是假降，都是反复投降之人，而我们要么不投降，要投降就真投降。”

卢苏觉得有道理，现在大家与官兵打仗，可以说是以卵击石。

王受说：“兄弟们信不过王阳明，我有一计。”

卢苏说：“什么锦囊妙计？”

“我们派一支部队去投降，看看王阳明的诚意。”

大家一致通过。

担任这个光荣而勇敢的任务的兄弟叫黄富，他带领数十名叛军向王阳明投诚。

王阳明亲自接见了这个降将。

黄富见到王巡抚就“扑通”一声跪下，然后声泪俱下诉说自己误入歧路，遇上王大人的招安，决定痛改前非，重新做人。

王阳明坐在大厅之上，看到黄富可怜的样子，知道里面有一种成分，叫表演。他狠狠地问：“你们真的投降吗？”

“真的，千真万确。”

“好的，你们真诚归顺，我就免你们死罪，包括你们头领王受、卢苏也一样。”

“王大人，请拿出凭证，我们也可以劝说其他兄弟。”

王阳明当即大笔一挥，写下了免罪牌，限期二十天。

王受、卢苏见到免死牌后，就同意投诚，向寨内兄弟传达，大家一片欢呼。

次日，王受、卢苏带领数百名头目，自缚绳索前来，跪在南宁城门下，高喊饶命。

王阳明带领文武官员出来，他一脸威严，大声说：“尔等前来投诚，可免一死，但是王受、卢苏死罪可免，活罪不可免。”

王受、卢苏感觉做事鲁莽了，投降时只知道免死，又没问其他处置。

王阳明说：“王受、卢苏两年叛乱，拥众负险，骚扰地方，不给处罚不能解民愤。”

王受、卢苏傻了，不知道王阳明葫芦里卖什么药，只求这位大爷别食言。

“今天，死罪可免，活罪不可恕。将王受、卢苏各打一百大棍。”

王受、卢苏心想这下完了，一百棍子下去，不是一命呜呼，就是全身残疾。两人转头向身后的小头目望去，他们没有异议，好像非常支持王大人的意见。看来指望他们替自己争取是不可能了，只得听天由命了。

于是，王受、卢苏就被拉出去了，他们眼睛一闭，等待完蛋，结果

让他们万万想不到，一百棍子下去，他们只伤了点皮毛。原来王大人早让执行的士兵手下留情，只是象征性处罚罢了。

王受、卢苏真正领会到王大人是一位让人捉摸不透的天才。

招抚就是一方吸纳另一方，成为一个阵营，最后让两方达到团结、和谐、友好，王阳明用良知实现了这个伟大的战略！

## 剿匪大战

王阳明招抚了王受、卢苏，想过几天安稳日子，然而百姓不断有人举报和上访，反映广西还有土匪，而且有两处，如果不剿灭，往后老百姓日子没法过啊。

这两股土匪势力来自断藤峡和八寨，他们经常肆无忌惮地烧杀抢掠，无恶不作，对百姓的生命财产造成严重威胁。

虽然没有皇帝的圣旨，但是作为“两广巡抚”的王阳明，保护百姓不受欺凌责无旁贷。看到这些受苦受难的百姓，王阳明决定先剿后奏。

广西布政使林富是王阳明的狱友，当年两人在锦衣卫大牢同甘共苦，结下深厚的友谊。林富向王阳明建议：“断藤峡、八寨比王受、卢苏难打，我们还是招降吧。”

王阳明说：“不行，必须剿灭！”

林富想不通了，刚才还向皇上上书总结了招降的成功经验，这次却不同意招降，王大人这是在实行双重标准啊。

林富不服气地说：“为什么不能招降？”

“断藤峡、八寨的总头目叫胡缘二，对朝廷总是有二心，以前招降过，后来又反了。对待这种人不能招降。”

“那用什么办法？”

“很简单，杀掉。”

王阳明命令林富为第一路军总指挥，率王受、卢苏所属的部队；命令汪必东为第二路总指挥，率五万军队，向断藤峡进发。

这把土匪首领胡缘二吓得不得了，他马上调集各路土匪迎敌。胡缘二计划死守山口，不出兵，官兵也打不进来，只要相持三四个月，官兵粮草跟不上，必然退兵。这是一个相当完美的计划。

官兵把断藤峡围了十天后。王阳明主动打破僵局，派出使者，与胡缘二谈判。胡头目见官兵主动来协商，当然高兴。使者自称是王阳明的密使，说王巡抚看中峡中一件宝贝。

“什么宝贝？”

“玉龟，镇峡之宝。”

胡头领问：“我们不交出来呢？”

“派大部队继续围剿，最终消灭你们。当然你们交了，我们王巡抚会自动退兵。”

这是一起不错的买卖，但是胡头目非常纠结，玉龟是山峡中最好的宝贝，实在舍不得，但是舍不得孩子套不住狼。

胡头目把八寨的头目召集过来开会，大家一致同意用玉龟换和平，因为宝贝丢了，可以再找，脑袋只有一个，丢了没法安啊。

那是一个细雨绵绵的下午，王阳明收到玉龟后，对来者说：“告诉你们头目，只要我当两广巡抚，不会剿除你们。”

土匪使者叩头之后，连声说谢谢，然后火速回去汇报。

胡头领见到使者，感觉不对啊，王大人收了宝贝，怎么没有打个收条啊？

“这等保密之事，王大人不会写字条给我们吧？”

“不行，听说这个王阳明非常狡猾，到时翻脸不认账怎么办？快去让他给一张收条。”

使者返回官兵军营，向王巡抚说明来意，王巡抚深明大义，非常爽快出了收条，并盖了私章。

胡头领拿到收条心里踏实了，这些天的提心吊胆、惶恐不安一去不复返。胡大哥召集各路兄弟，当晚喝酒庆祝。

正当大家喝得头昏眼花之时，喽啰上来汇报：官兵打进来了。

原来收条不管用啊，只是一张废纸。兵法诡道也！

原来，王大人送走土匪使者后，就下令官兵天色一暗向断藤峡进

攻，一举攻下断藤峡，然后依次攻破其他寨。可以说一路势如破竹，所向披靡。

胡头目被生擒活捉，他嚷着要见王巡抚。王阳明同意见面。

胡缘二说：“你作为朝廷大臣，应该讲道理的。”

“是的，当官不讲道理，怎么教育百姓？”

“那王巡抚收了大礼为何还要消灭我们？”

“这是胡头领教本官的。”

“啊，你说什么啊？”

“想当年胡头领归顺朝廷，不久又反了，你如此反复无常，我不过从中学了一点皮毛罢了。”

“你，你，你这个狡猾之人……”

王阳明剿灭了一百多年的两地匪乱，为朝廷、广西立下赫赫之功，合了朝廷的旨意。

## 此心光明

王阳明在广西抚剿取胜后，准备庆祝一番，要给在战场上出生入死的将士敬杯酒。然而酒还没敬，王阳明却先病倒了。出征前他已经患病，在战场时忘记了病痛，当取得最后的胜利后，他全身放松，病魔却发起全面进攻，王阳明受不了了，全身浮肿，咳嗽，呕吐不停，他彻底病倒了。

王阳明知道这次生病是一生中最严重的一次，隐隐约约感到生命将走向尽头。他也有一个强烈的愿望：回老家余姚，叶落归根。

王阳明向朝廷上书，请求回家养病。

但嘉靖皇帝却没有批准。说嘉靖皇帝不批实在冤枉，因为嘉靖没有看到奏书，奏书被吏部尚书桂萼压下了。桂尚书是这样想的，王阳明这种能人是稀缺人才，不能回家，带病也要工作。

王阳明在苦苦等待，却不见朝廷回复，但是他的病体不等人，身体情况每况愈下，然而一个好消息传来，皇上派钦差大人前来嘉奖。

钦差大人是冯刚，表彰了王阳明平定思恩、田州之功，赏赐五十银、丝被、羊、酒等物品。

王阳明病得不轻，在椅子上坐了一会儿就不行了。冯刚让王大人卧床说话。然而当王阳明躺在床上，冯刚冯大人却提出一个要求。对一位难以行走的病人提要求，这实在罕见。

冯刚跪拜在王阳明面前，要求答应一件事。

大家惊恐万状，堂堂钦差大人，给王大人下跪，必有蹊跷。

王阳明稍稍抬头，轻声问："冯大人，有事快说。"

"我要拜您为师！"

听说钦差大人要成为王大人的学生，大家非常开心。因为王大人又多了一个帮手，他们相信王大人不会错过这个机会，必定会收弟子的。

但是王阳明摇了摇头，说："不，不行。"

"为什么啊？"

"我身体可能不行了，不能耽误你的求学。"

王阳明原则性强，他做不到的，不会轻易答应的。

冯刚非常有恒心，见王阳明不收他，干脆跪在地上不起来了。

这给王阳明出了难题，人家毕竟是钦差大臣，让他长跪地上也不妥吧。在大家有力的劝说之下，王阳明终于松口，勉为其难地答应收他为弟子。王阳明命人把自己近期写的心学书稿拿出来，作为礼物送给这位新弟子。

冯刚捧着那写满心学要诀的书稿，他意识到，王老师没有精力讲课，自己只能靠自学了。就这样，冯刚成为王阳明的关门弟子！

王阳明把自己回家养病的想法跟冯刚说了。冯刚说："恩师尽管回家休息，学生会替恩师向皇上奏明。"

王阳明开心地笑了，没有朝廷的批准，他不能回家。这不是害怕，而是责任。现在冯钦差答应了，他可以安心上路了。

现在的王阳明整个人变了，他不能行走，也不能骑马，广东布政使王大用曾是王阳明的得力助手，此次派上了大用场，给他准备了一支竹

椅，请了专人来抬，王大用亲自护送。

翻过几座山后，王阳明看见了梅关。过了梅关，便进入江西地界。

进入江西，江西的官员赶过来护送，进入江西，王阳明的身体一天天好转起来，他让王大用回去。

然而此时王阳明身体不是真好，而是回光返照。

十一月二十八日，他们到达荒野的渡口。王阳明生命之火相当脆弱，一不小心，就会被风吹灭。

王阳明看了一眼渡口，用极微弱的声音说："此——心——光——明，亦——复——何——言？"

王阳明笑了。他含笑九泉，享年五十七岁！

一颗巨星陨落，他的高深智慧、丰功伟绩光芒万丈，耀眼夺目！